民主主義の源流

古代アテネの実験

橋場　弦

講談社学術文庫

目次

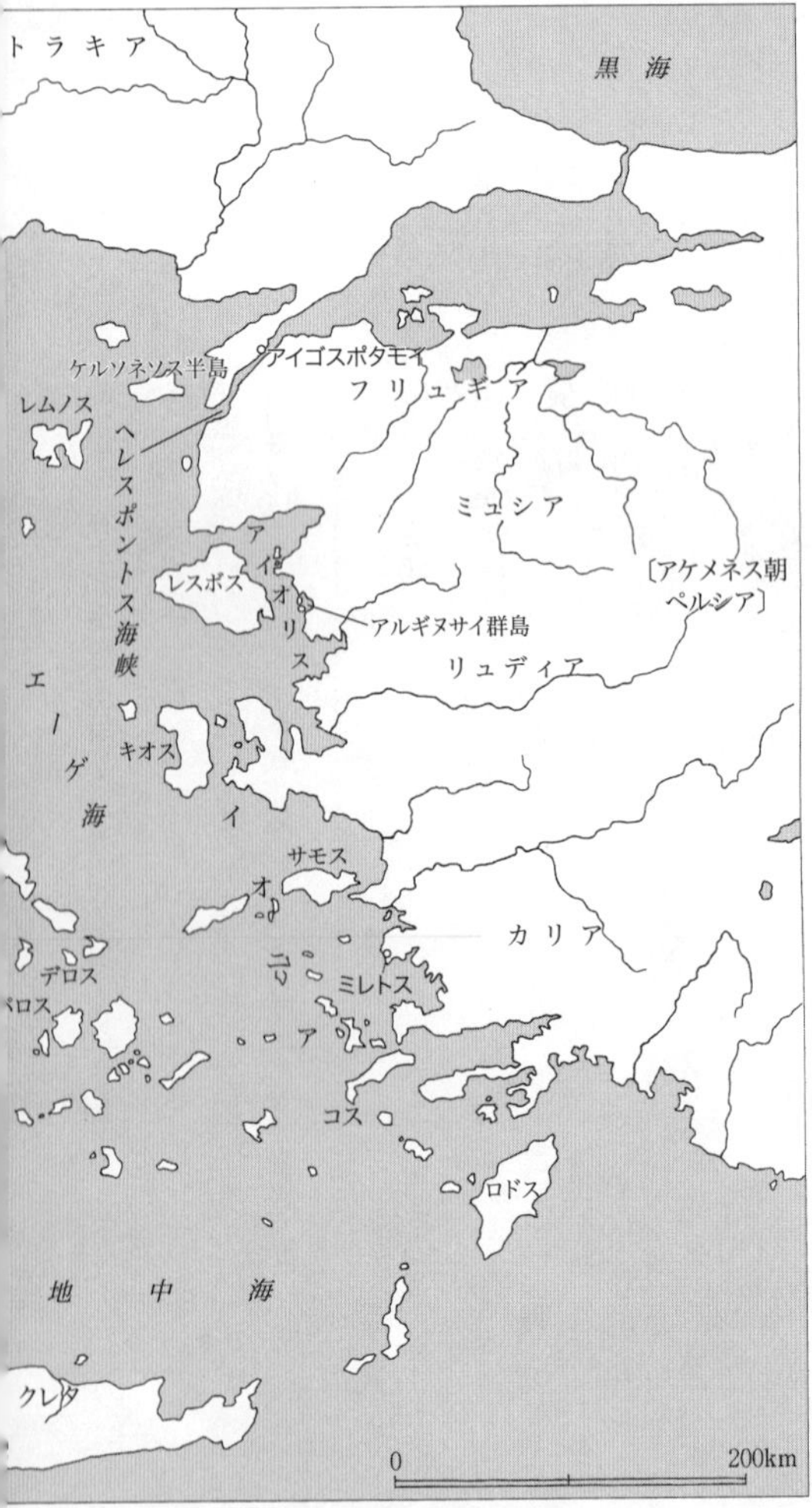

トラキア
黒海
ケルソネソス半島
アイゴスポタモイ
フリュギア
レムノス
ヘレスポントス海峡
ミュシア
アイオリス
レスボス
アルギヌサイ群島
〔アケメネス朝
ペルシア〕
リュディア
エーゲ海
キオス
イオニア
サモス
カリア
デロス
パロス
ミレトス
コス
ロドス
地中海
クレタ
0
200km

ギリシア全図

アドリア海
イリュリア
マケドニア
タソス
オリュンポス山
テッサリア
エピルス
レウクトラ
カイロネイア
エレトリア
アイトリア
フォキス
エウボイア
デルフォイ
ボイオティア
テーベ
マラトン
コリントス湾
アカイア
アッティカ
アテネ
イオニア海
コリントス
アルカディア
オリュンピア
ペロポネソス半島
アルゴリス
プラタイアイ
メッセニア
スパルタ
ラコニア
エピダウロス
テゲア

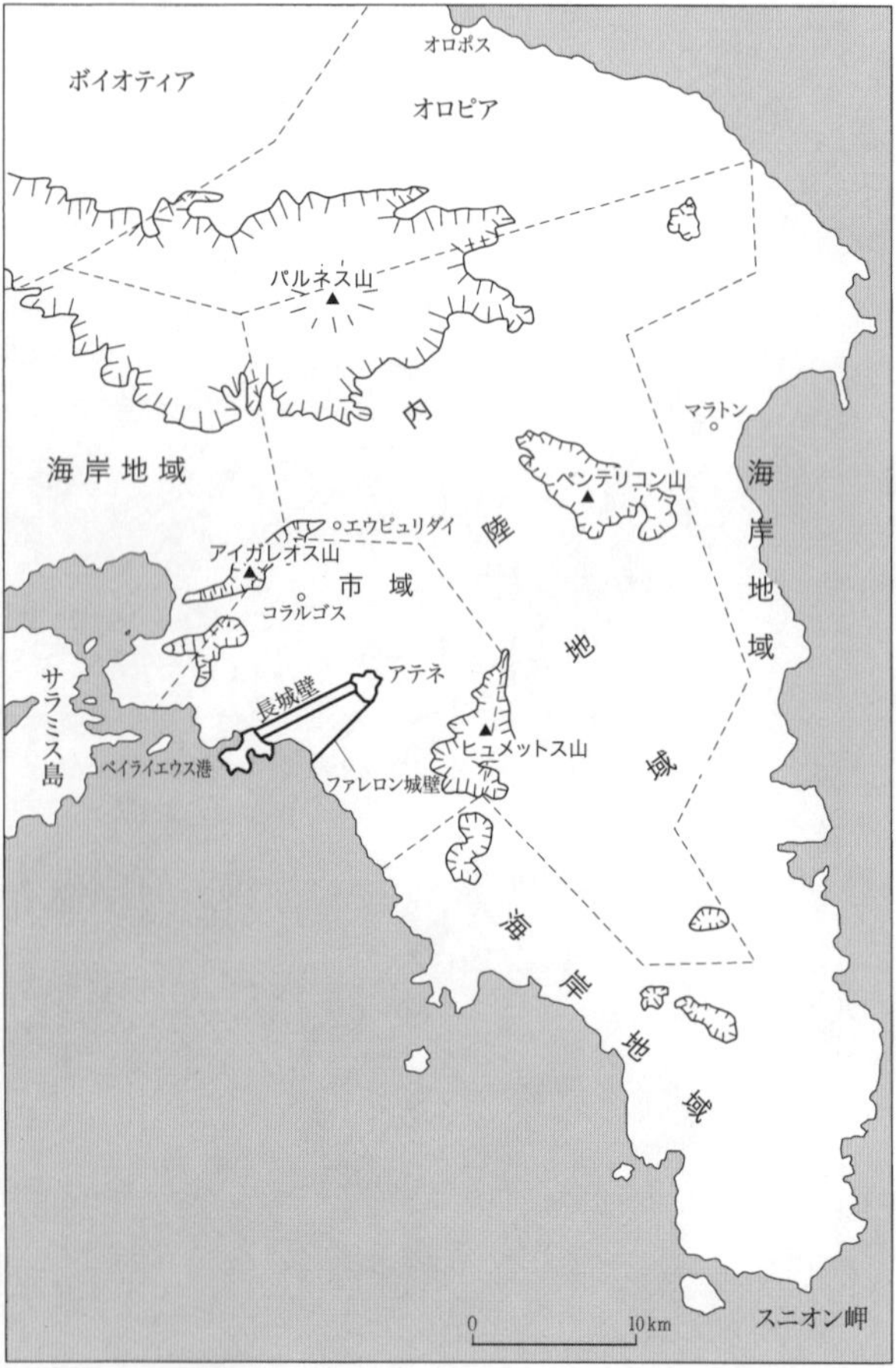
オロポス
ボイオティア
オロピア
パルネス山
マラトン
内陸地域
海岸地域
ペンテリコン山
海岸地域
エウピュリダイ
アイガレオス山
市域
コラルゴス
アテネ
サラミス島
長城壁
ヒュメットス山
ペイライエウス港
ファレロン城壁
海岸地域
0
10km
スニオン岬

アッティカ全図

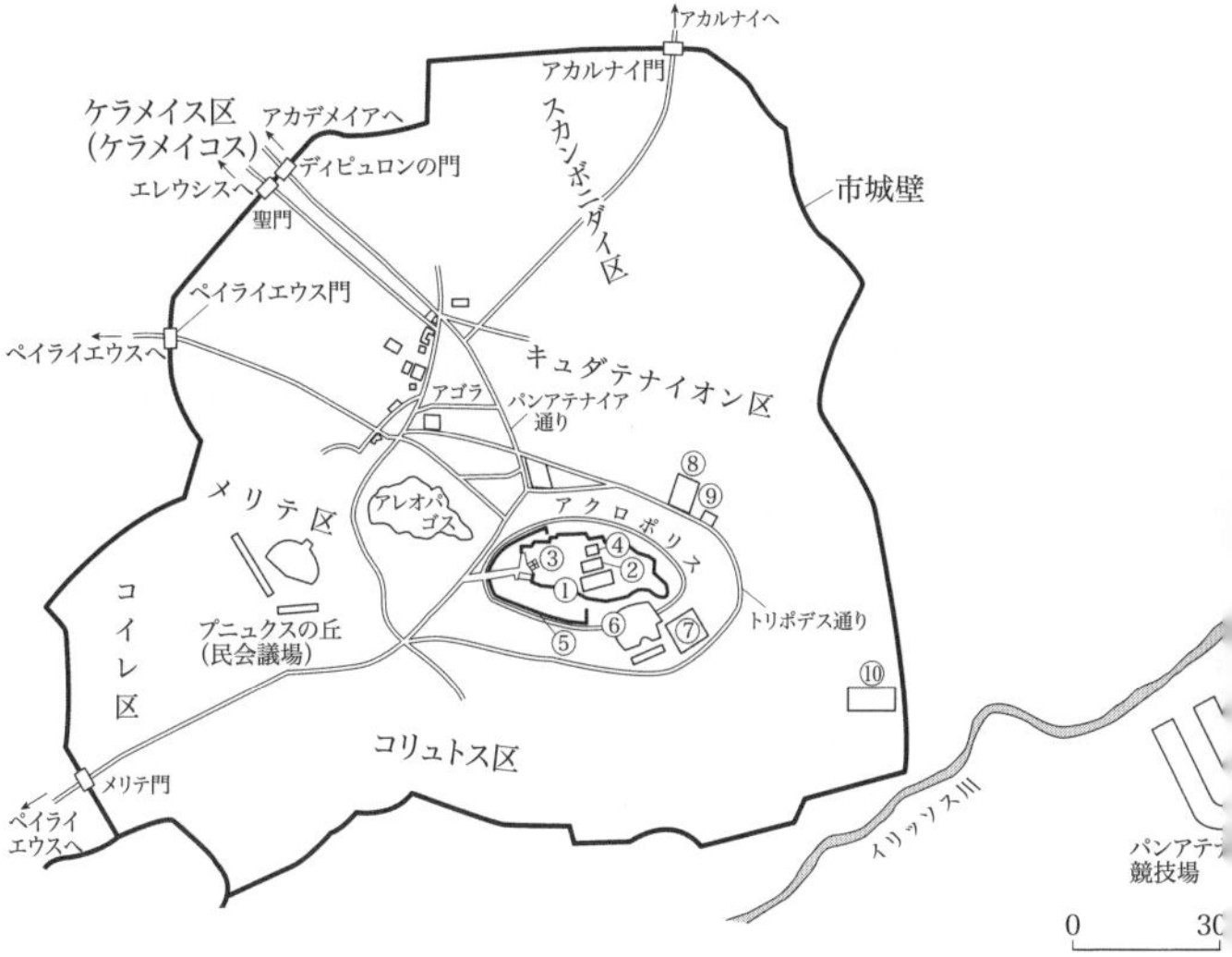

アテネ市内図

①パルテノン神殿
②アテナ古神殿
③プロピュライア（前門）
④エレクテイオン
⑤ペラルギコンの城壁
⑥ディオニュソス劇場
⑦ペリクレスの音楽堂
⑧テセイオン（推定）
⑨プリュタネイオン（推定）
⑩オリンピア・ゼウス神殿

アゴラ図（前４世紀なかば）

①彩画列柱廊（ストア・ポイキレ）
②「王」の列柱廊
③ゼウス・エレウテリオス列柱廊
④父祖のアポロン神殿
⑤ヘファイストス神殿
⑥メトロオン（旧評議会議場）
⑦評議会議場
⑧部族名祖像
⑨トロス
⑩将軍詰所（推定）
⑪牢獄（推定）
⑫南西の泉
⑬矩形周壁
⑭南列柱廊Ⅰ
⑮南東の泉
⑯造幣所
⑰12神の祭壇
⑱〜㉑民衆裁判所の法廷
㉒のちの方形回廊の位置（破線）

［関連年表］

前594	ソロンの改革
561	ペイシストラトス、僭主となる
516頃	ミルティアデス、植民地ケルソネソスの僭主となる
510	僭主政打倒。ヒッピアス追放
508	クレイステネスの改革。民主政の基礎築かれる
493	ミルティアデス帰国。第1回裁判
490	マラトンの戦い
489	パロス遠征失敗。第2回裁判。ミルティアデス死す
480	サラミスの海戦
479	ペルシア戦争終結
478	デロス同盟結成
462	エフィアルテスの改革
454	同盟金庫アテネに移管
447	パルテノン神殿着工
432	同竣工
431	ペロポネソス戦争勃発（〜前404）
429	疫病流行。ペリクレス死す
413	シチリア遠征失敗
411	四百人政権樹立、崩壊
406	アルギヌサイの海戦、裁判
404	アテネ降伏、三十人政権樹立
403	民主政回復
399	ソクラテス裁判
378	第2回アテネ海上同盟
371	レウクトラの戦い
359	フィリッポス2世即位
357	同盟市戦争（〜前355）
338	カイロネイアの戦い
336	エウクラテス法成立
334	アレクサンドロス大王、東方遠征開始
323	アレクサンドロス大王死す。ラミア戦争（〜前322）
322	アテネ民主政廃止

民主主義の源流

古代アテネの実験

はじめに

民会議場跡で

春の陽を浴びたプニュクスの丘には、青や黄色の野の花があちこちに咲きみだれ、小鳥のさえずりがやさしく響いていた。私のほかには人影もなく、深い静寂が広い野原を包んでいる。

アテネ市街の西方、アクロポリスから谷をはさんでわずかの距離に望まれる、オリーブ林の緑に囲まれたこの丘に、古代の民会議場跡がある。民会とは、都市国家アテネ（アテナイ）の成年男子市民が集う全体集会であり、名実ともに国政の最高議決機関であった。露出した石灰岩を刻んで作った演壇と、それを扇形に囲む平坦な聴衆席があるだけのこの遺構は、いまから二五〇〇年ほど昔、ここで徹底した直接民主政が行なわれていたことを物語る証人なのだ。

夏には屋外イベントなどの会場に使われるこの場所も、二月のこの時期には訪れる人もいない。観光客にも無縁のスポットらしい。犬だけが一四、寄ってきた。

演壇に上がってみる。三段の石段を登ったうえの、平たい踊り場のようなスペースだ。高さは一メートルほど。右手にはパルテノン神殿がひときわ美しいアングルで輝いている。広い議場をへだてた向こう側、丘のふもとの木々の間に見え隠れしているのは、古代のアゴラ（広場）の遺跡であろう。春風が心地よくほほをなでて過ぎた。

静けさのなかに身を置いていると、遠い時を超えて、ここに集まった古代の市民たちのさまざまな声が聞こえてくるような気がする。「だれか発言を望む者はいないか」と呼びかける伝令のよく響く声。演壇に上がった発言者は、まず「アテネ市民諸君！」と聴衆に呼びかけたことだろう。そして、ときに荘重な、ときに激越な弁論が始まる。愚にもつかぬ演説に対しては、「降《カタバ》りろ！　降《カタバ》りろ！」と聴衆から容赦ない野次が飛ぶ。伝令が静粛を求める。アジア風のエキゾチックな装束に身を包んだ弓兵が、議場の警備に動き回る。やがて議論がつくされたあと、書記が決議案を読み上げ、議長が議案を採決にかける。挙手が求められ、議案が可決される。同様の手続きが、ときにはたそがれどきまで繰り返される。やがて閉会を告げる伝令の声が、家路につく市民たちの肩越しに、風に乗って運ばれてゆく。

どれほど多くの人々が、ここで歓呼の声を上げ、また怒号とともにこぶしを振るったことだろうか。あの哲学者ソクラテスも、生涯にここでただ一度だけ、議長団の一人として姿を見せたことがあったはずだ。

民主主義の源流

　現在、民主主義と呼ばれているものの一つの源流が、この民会議場に象徴されるアテネ民主政に求められることは、だれしも否定できないであろう。ギリシア文明が今日に残した遺産は数多いが、民主政治というスタイルをギリシア人が最初に発見し、意識化し、制度化したことの世界史的な意義は測り知れない。アテネでは成年男子市民全員が平等に参政権にあずかり、国家の重要決定はすべて民会や民衆裁判所が多数決をもって下し、他方役人の権力は抽選と任期一年のこまめなローテーションによってできるかぎり細分化され、特定の人物に大きな権限が長期間集中しないように工夫されていた。それは専制君主による支配でも、少数の貴族や官僚が政権を独占する寡頭政でもない、人類史上にはじめて現れた新しいタイプの支配体制であった。

　たとえばいま、アテネのパルテノン神殿を目のまえにして、驚嘆とともにつぎのような疑問を抱く人は少なくないだろう。いったい紀元前の昔に、だれがなぜ、これほどの完成した美を創造することができたのだろう、と。これと似たことを、アテネ民主政についても問いかけずにはいられない。法制上、支配者と被支配者との区別を消滅させるほどに徹底した、精密に考え抜かれた民主政治のしくみを、これほどの昔に、それも何のお手本もなしに、だれがどのようにして創り上げたのか。二〇〇〇年近くもの間、なぜ古代アテネ市民はこの政治スタイルにこだわったのか。そして、市民たちはどんな思いでそれを担い、守ってゆこうとしたのか。

「衆愚政」？

世界史上まれに見るほど徹底的な直接民主主義を実現したアテネ民主政は、一九世紀以来さまざまな評価を受けてきた。評価は両極に分かれる。その一方は、近代民主主義の模範としてそれを理想視する見方であり、また他方は、気まぐれな民衆が群集心理によって国政を左右する悪質な衆愚政であったとする見方である。

アテネ民主政の歴史を一つの「堕落」のプロセスとして描く視点も、広い意味で後者の見方に属するだろう。それによれば、前五世紀なかばに黄金時代を築いたアテネ民主政は、その後ペロポネソス戦争（前四三一―前四〇四年）をさかいにして、無定見な民衆による衆愚政という病理にとりつかれ、前四世紀にはすっかり衰えて没落していったという。この盛衰史観は、ことに日本では現在でも意外と根強い影響力がある。世界史の教科書や参考書でしばしば目にするのもこの歴史観である。

しかしながら注意しなくてはならないのは、どちらの見方にせよ、それぞれの背景には民主主義というものをめぐる一種のイデオロギーないしは思い込みがあり、いずれも古代民主政のありのままを記述するものとは言いがたいということなのである。

実際、今日無邪気にアテネ民主政を理想視するには、われわれはすでにあまりに多くの事実を知っている。成年男子市民の間では一応徹底していた政治的平等も、女性・奴隷および在留外人《メトイコイ》を完全に排除したところで成り立っていた。市民（ポリタイ）とは、参政権を独占する特権階層のことである。また基本的人権という発想は、古代のアテネ市民にまったく無縁のものであった。たとえば現行犯で逮捕された強盗や誘拐の犯人は、本人が罪を認めさえすれば裁判なしに処刑すらされたのである。

では、やはりアテネ民主政は、気まぐれで不合理な群集心理に動かされる衆愚政だったのであろうか。

たしかに現代の基準をあてはめれば、アテネ民主政は幼稚で素朴な印象を免れない。だが、古典古代を単純に理想視するのが無意味であるのと同様、現代の高みから一方的に断罪するのもまた適切な姿勢とは言えないだろう。戒めねばならないのは、古代の民主政をむやみに現代に引きつけて説明したり、あるいは双方の時代差を無視して現代の文脈でのみ解釈することなのである。

アテネ民主政を、たとえ部分的にせよ衆愚政と批判する態度は、さしあたりつぎのような重大な反省を迫られるだろう。

第一に、「衆愚政《オクロクラシー》」ということば自体、それが最初に使われた古代以来、民主政に対するある種のかたよった価値観を含んできたものである。それは特定の立場から何かをそしるときに用いるレッテルであって、あることがらを客観的に説明することばとは言えない。「衆愚」と言ったときには、すでになんらかの価値判断がそこに働いているのである。このようなもともと非難のための概念を、何のためらいもなしに歴史記述に用いることは許されない。ちなみに、現在欧米の研究者がアテネ民主政を叙述する際、少なくとも地の文章で衆愚政という語を使うことはめったにないと言ってよい。

第二に気をつけねばならないのは、ソクラテスにせよプラトンにせよ、アテネ民主政と同じ時代に生きた哲学者たちが、多かれ少なかれ民主政に批判的な立場を取っていたことである。ソクラテスは常日頃（自分自身その方法で役職に就いた経験がありながら）、抽選で国家の役職を選ぶという民主政のやり方がはなはだ不合理であると述べてはばからなかった。彼が民主政の世の中で告発されて裁判にかけられたのも、その意味では当然のなりゆきだったのだ。愛する師ソクラテスを死刑判決によって喪ったプラトンは、アテネ民主政をある意味で憎悪する。そして彼独自の理想国家論の創造に向かうとともに、一貫して民主政のあり方を厳しく批判した。プラトンに比べれば政治における中庸をより重んずるアリストテレスは、民主政のある種の形態には好意を抱いていたものの、やはり実在のアテネ民主政にははっきりと批判的な立場に立っていた。

アテネ民主政について書き残された古典史料のうち、かなり重要な部分が、彼らや彼らと同様の立場に立つ人々の手によるものであることに注意しよう。それらは多かれ少なかれ、民主政に対する好ましからざる感情をベースにして書かれたものなのだ。それに対し、民主政の体制の側に立って書かれた古代の政治理論は、今日一つも伝わっていない。民主政を支持していたのが、彼らのような少数の知的エリートではなく、もっと広範囲の階層からなる人々だったことがその一つの原因であろう。だから、同時代の知識人がアテネ民主政に対して浴びせた非難のことばだけを、一方的にうのみにすることはできない。

アテネ民主政に対するこのような否定的な評価は、以後ローマ・ルネサンス・啓蒙時代をへて一九世紀に至るまで、強固な観念としてヨーロッパの思想界に影響を与え続けた。アテネ民主政について意味あることを述べようとするなら、人々の思考のなかに刷り込まれてきたこの先入観を、注意深くはぎ取るところから仕事を始めねばならないだろう。

第三に、最近一〇〇年ほどの間に、それまでの学者が目にしたことのなかった新しい史料や遺物がつぎつぎに発見・発掘され、それによってアテネ民主政史研究の状況がかなり変容したことも考慮に入れねばならない。

一九世紀末にアリストテレスの作とされる『アテナイ人の国制』のパピルス写本が発見されたのを皮切りに、同時代史料として第一級の価値をもつ碑文の新たな発見と刊行、アテネ民主政の舞台であるアゴラやプニュクスの丘などの遺跡の組織的な発掘調査、それらの史料の増大によって可能となった網羅的なアテネ人物史研究、そして一九七〇年代以降本格的に活気を帯びるようになった欧米での民主政制度史をめぐる研究と議論、といったできごとがつぎつぎに展開していった。このような研究のめざましい進展を、われわれはいま目のまえにし、その成果を利用することができる。当然のことながら、これは一九世紀の学者には予測や経験のできなかったことである。

二〇世紀のこうした新しい研究がこれまでにあきらかにしてきたのは、アテネ民主政が従来考えられてきたよりもはるかに整った、精密なシステムを備えていたものであって、少なくとも群衆が気まぐれに行なう幼稚な政治体制ではないということであった。しかも民主政のしくみは、むしろギリシア都市国家の衰退期とされる前四世紀に入ってから、ますますその完成の度あいを高めていったことまでも判明した。こうした発見は、伝統的な古典史料が描かなかった（あるいは描こうとしなかった）アテネ民主政の知られざる側面をいくつも明るみに出し、それまでのものの見方に大きな変更を迫ったのである。

アテネで民主政がはじめて樹立された前五〇八年から数えて、民主主義の歴史は一九九二年で二五〇〇年の節目を迎えた。これを記念して、欧米ではギリシア民主政の現代における意義をテーマとしてあちこちで学術会議が開かれ、また論文集などの企画出版もあいついだ。今日、ギリシア民主政はまさに現代との照応において、あらためて世界的に再検討・再評価されようとしている。もちろんその方法は研究者によってじつにまちまちであり、一つの概念でくくられるものではないが、一九世紀的な価値観に支配されたこれまでの考え方からいったん自由になって、民主政を担った古代市民たちの行動様式をていねいに掘り起こす作業が、その第一の前提とされていることは確かであろうと思われる。私もそのような立場を分けあうものである。

参加と責任

実際のアテネ民主政とは、何か高度に抽象的な政治理論や哲学的原理から生み出されたものではけっしてない。その点、日本における戦後民主主義の受容の過程とは根本的にことなるのである。ましてや近代的な意味での憲法など、そこにはそもそも存在しなかったのだ。アテネにおける民主政は、どこかよそからもたらされたアイディアであったわけではなく、むしろ「主義」ということばが意味するものからかなり離れた、もっと土臭いものではなかったかと私は想像している。理論から導き出されたものではなく、試行錯誤の積み重ねによって獲得された経験の集成が、アテネ民主政という一個の歴史的現実ではなかったか。だからこそ、そのなかには、ときに衆愚政と非難されてもしかたのない失敗もあったのだ。

その経験を、さきに述べた新しい研究の成果をもとにして解き明かしてゆくのが、ここでの私の関心事である。その際、つぎのような見とおしのもとに叙述を進めてみたい。

アテネ民主政発展の起動力となったモチーフは何であったか。あえて言えば、それは「参加（パーティシペイション）」と「責任（アカウンタビリティ）」であったように思われる。民主政の歩みは、この二つのからみあい、あるいは緊張関係によって、ある程度説明することができるのである。

できるかぎり多くの市民たちに政治参加の機会を与えることは、アテネ民主政の一つの重要なテーマであった。それを民衆参加、あるいは政治のアマチュアリズムと言い換えてもよい。「だれか発言を望む者はいないか」と触れて回る民会の伝令の声は、「参加」の原則が市民たちを政治へといざなう呼び声であった。

それと同時に、政治にたずさわる市民たち、すなわち政治家や役人の公的責任を、一般市民が苛烈なまでに追及し、その所在をあきらかにし、彼らの行為に不正あれば容赦なく裁きの場に引き出し、処罰しようとする力も、つねに民主政を動かしていた。これが「責任」の原則である。民衆参加の原則は、他面、公務に関与する市民の無責任を厳しく摘発することによって支えられていた。徹底した政治のアマチュアリズムを貫くには、その裏で、政治に参加する市民一人一人の行動を監視し、その責任を追及するための緻密なシステムを必要としたのである。本書ではこのシステムの総体を公職者弾劾制度と呼ぶ。アテネでは、この制度の網の目がきわめて複雑に発達していた。

二つの原則は、おたがいに他を刺激しあう形で、当初からもつれあいながらアテネ民主政をつき動かしていった。独裁者の出現を警戒し、政治指導者の責任を一般市民が監視しようとする動きは、同時に政治への民衆参加を拡げる役割をも果たすようになる。やがて民主化が進展し、市民の政治参加がある程度まで徹底するようになると、今度は政治に関与する多くの市民たちの責任をさらに厳しくチェックするようなシステムが求められる。このようにアテネでは、「参加」と「責任」がたがいを高めあう形でラセン状に発達していったと見ることができる。アテネ民主政史の一つの見とおしとして、多少理屈めいたことを述べるなら以上のとおりである。

理屈はここまでとしよう。本書は主として一般読者向けに、アテネ民主政の草創から廃止に至るまでの約一九〇年の歴史を物語るものである。ここでは、この「参加と責任」というモチーフが軸にすえられるであろう。私はすでに前著で、アテネ民主政における公職者の責任追及をテーマにした研究の成果を公にした（『アテナイ公職者弾劾制度の研究』東京大学出版会、一九九三年）。専門家向けの議論はすべてそちらに譲ろう。本書では、なぜ市民たちが数多くの政治家や役人を罷免し、裁き、処刑したのか、またそれぞれの政治家はなぜ弾劾されねばならなかったのかということに焦点をあて、彼らの人間模様の背後に見え隠れする古代民主政の精神を浮き彫りにしてみたい。

なお、本書の扱う範囲、それから用語と表記法についていくつかお断りしておきたい。まずここで描かれるのは、古代ギリシアの都市国家（ポリス）のなかでも、もっぱらアテネにおける民主政の歴史であること。もちろんアテネ以外にも民主政のポリスは少なくなかったが、それらの多くはアテネの影響下で民主政を採用し、あるいは採用することを強制されていた。ギリシア世界のなかでもっとも典型的かつ徹底した民主政の形態に最初に到達し、ほかの国々に対してその模範を示したという意味で、ギリシア民主政はアテネに代表されると言っても過言ではない。なるほど最近では、アテネに先立ちあるいはそれと併行して、早くから独自に民主政を達成していたポリスがあったとする議論も提出されてはいる。だがこの議論は、民主政とは何かという定義にかなり左右されるもので、いずれにせよアテネ民主政の歴史的意義の大きさまでも否定するものとは言えないだろう。さらにギリシア史研究の現状では、今日残されている史料が圧倒的にアテネに関するものにかたよっているという事情もある。このようなわけで、ここでの話の舞台は、前六世紀末から前四世紀末までのアテネに限られる。

本書には、全編をとおして登場する一人の主人公というものはいない。あえて言えば、アテネ市民団そのものが民主政を演じた主人公であった。ギリシア語ではこの市民団全体のことを「デーモス」と呼ぶ。周知のとおり、デモクラシーという英語は、

「デーモスによる支配」を意味するギリシア語デモクラティアを語源とする。ここではこの「デーモス」という語に、慣用に従って「民衆」という訳語をあてておく。だからここでの民衆とは、奴隷や在留外人と区別され、国家の正規の構成員であった成年男子市民全員を意味するものであって、けっして貧民大衆とか庶民階級だけを指すものでないことに注意していただきたい。そのなかには富裕市民も無産市民も、エリートも大衆も、ともに含まれる。そしてこのような定義は、民主政を支持する当時の市民たち一般の了解事項でもあった。

古典史料などを引用するにあたっては、邦訳を拝借する場合もあったが、その際には訳者名とともにその旨を明記し、また固有名詞などは一部文字遣いを改めた。それ以外のものはすべて拙訳である。

ギリシア語のカタカナ表記においては母音の長短を原則として無視したが、「デーモス」「ブーレー（評議会）」などは慣例的に長音を残した。また古代ギリシアの暦法では今日の暦の七月に新年を迎えたので、当時の一年は西暦の二年に半分ずつまたがることになる。そこで公式の暦年を表すときには、これも慣例により前四〇六／五年のように表記した。

第一章　マラトンの英雄とその死

1　裁かれる将軍

広場の情景

前四八九年。その日、いつになく緊迫した気配が、アクロポリスの西北麓に位置するその広場をおおっていた。

アゴラと呼ばれるその空間は、西はコリントス地峡、南は海岸地域、北は山間部の各方面から、アテネの市域に向かう何本かの道路が出会う合流点である。それらの道をたどって、アッティカ地方（アテネの領土）各地の集落や街区から、おびただしい数の市民たちが、当時はまだここで開かれていた民会に集まりつつあった。水はけのよいそのなだらかな斜面は、役所や神域、マーケットが集中し、いつもは市民たちのにぎやかな談論や、商人たちの高い呼び声が交差する繁華な場所であるが、今日ばかりは穏やかな日常の表情を見失ったかのようだ。

やがてアゴラに蝟集《いしゅう》した人々は、その南西部の一角にわずかばかりの場所を空けると、そこを太い帯のように半円を描いて取り囲んだ。彼らはみな一様に目に険しい色を宿らせ、視線をひとしくその一角に注いでいた。

そこには、議長や役人と思われる者たちが座を占めているかたわらに、一台の寝椅子が置かれていた。六〇歳を超すと思われる一人の老人が、そのうえに横たわっている。彼の太腿には痛々しく血のにじんだ包帯が巻かれていた。その顔に、表情らしいものは浮かんでいない。

寝椅子の左右には、男たちが数人ずつ二手に分かれて立っていた。彼らは交互にまえに進み出ると、人々に何ごとかを訴えかけるように演説を始めた。一方はだれかを激しく非難し告発しているようであり、逆にもう一方はそのだれかを弁護しているようであった。彼らがときどき寝椅子のほうを振り向き、指し示すしぐさから、その告発や弁護が老人に向けられていることはあきらかだった。

告発人の口から、「被告は民衆との約束を反古にし、これを欺き……」ということばが放たれると、それに応ずるかのように聴衆のあちこちから怒声が上がった。「死を！」と叫ぶ者すらいた。人々は、この裁判のため招集された今日の民会の雰囲気に、あきらかに興奮しているようであった。一方、被告である老人の親族や友人と思われる弁護人たちは、しきりと懇願する態度をとり、ときには涙を見せながら哀訴した。情状酌量を求めていることは明白だった。この間、老人は空を見つめたきりで、自分では一言も口を開こうとはしなかった。

壊疽《えそ》を起こした腿の痛みをこらえながら、老人――将軍ミルティアデス――は、つい数ヵ月まえまで自分の頭上に輝いていた無上の栄光と、こうして罵声を浴びながら裁きの庭に引き出されているいまのわが身とを、引き比べずにはいられなかった。そして、神々がなぜ自分をこのような運命に陥れたのかと自問した。高熱を発した頭でまとまらぬ思考を追いながら、彼はアゴラのうえの白い雲の浮かぶ空をぼんやりと眺めていた。

人々は何に憤り、またミルティアデスはどんな事情でこの裁きを受けるに至ったのであろうか。

マラトンの野で

その前年、前四九〇年夏のこと。アテネの郊外マラトンでは、この地名を二五〇〇年後の人々の記憶に留めることになる、歴史的な戦いの幕が上がろうとしていた。ミルティアデスの裁判に至る経緯を知るためには、さしあたりこの事件までさかのぼらねばならない。

前六世紀末までに全オリエントに空前の大帝国を築いたアケメネス朝ペルシアは、ついでエーゲ海周辺のギリシア諸ポリスに触手を伸ばしはじめる。当時イオニアと呼ばれた小アジア沿岸地方のギリシア人たちは、いったんはペルシアの支配下に入ったものの、やがて自由を求めて反乱を起こす。いわゆるイオニア反乱である。これが鎮圧されると、ペルシア王ダレイオス一世は、反乱を支援した二つのポリス、アテネとエレトリアを討伐すべく、この年大軍をギリシア本土に発向させたのだ。世に言うペルシア戦争の第二回ギリシア遠征である。

ペルシア遠征軍はまず、海峡をはさんでアテネと目と鼻のさきにあるエウボイア島のエレトリアを血祭りに上げ、市民たちを奴隷にする。ついでアテネをも同様の運命に陥れんとして、対岸のアッティカ半島に大軍を上陸させる。その上陸地点が、アテネ市域の北東三〇キロほどにあるマラトン平原であった。

ペルシア軍をマラトンに誘導したのは、二〇年まえアテネを追放されたかつての僭《せん》主《しゅ》ヒッピアスという人物であった。僭主とは、非合法に政権を奪取した独裁者を意味する。アテネには、前五六一年から数十年間、ペイシストラトスとその子ヒッピアスによる僭主政支配を受けた過去があった。僭主政については、あとでくわしく触れることになろう。前五一〇年、その僭主政をアテネ市民は打倒し、独裁者を追放する。そしてまもなく前五〇八年、彼らはいわゆるクレイステネスの改革によって民主政の基礎を築くことに成功する。同改革は、旧来の貴族支配の温床となっていた四部族制を廃止し、新たにまったく人工的に再編成した一〇部族制を導入することで貴族の政権争いの根を断つとともに、民主政という新しい支配体制の基盤を置いたのである。マラトンにペルシア軍が上陸したときのアテネは、この民主政の統治下にあった。

一方、追放されたヒッピアスは、まだ権力への未練を捨て切れない。彼はペルシアをうしろ盾にふたたび支配者の座に返り咲くことを夢見た。そしてついに、アテネ市内に残っていると思われる旧僭主派市民の内通を期待して、遠征軍の先導役として祖国に舞いもどって来たわけである。したがって、アテネ市民にとってペルシアとの戦いは、異民族の侵攻から国家の独立を守る戦いであると同時に、民主政という新しく獲得した自由な政治体制を、独裁者の手から守る戦いでもあったのだ。

さてここで、未曾有の大帝国の来襲を目のまえに、ともすれば意気くじけそうになる市民たちの意見を、反ペルシアの方向にまとめて徹底抗戦の民会決議を通過させ、すみやかに重装歩兵市民軍を召集してマラトンに出動させたのが、名高き将軍ミルテイアデスであった。

このとき指揮をとったのは、さきの民主的改革で導入された一〇部族制に従い、部族ごとに選挙された一〇人の将軍《ストラテゴス》たちからなる合議体であった。ミルティアデスもその一人にすぎない。制度上の最高指揮権は、彼らとは別に軍司令官《ポレマルコス》と呼ばれる役職が握っており、このときはカリマコスという人物がこれに就いていた。歴史家ヘロドトスによれば、開戦に踏み切るか否かで一〇人の将軍たちの意見が真っ二つに割れたとき、ミルティアデスがキャスティングボートを握るカリマコスを説得し、ついに開戦に議決したという。民主的に選ばれた将軍たちの、これが意思決定方法だった。

マラトンに出動したアテネ軍は、海岸に上陸したペルシア軍を見下ろす小高い位置に布陣する。頼みのスパルタからの援軍はいまだ到着せず、隣国プラタイアイからわずかの手勢が応援にかけつけたにすぎぬ。ミルティアデスが懸念したのは、数のうえで味方がきわめて劣勢であることのほかに、ときを移すうち市内で旧僭主派がペルシアに呼応してクーデターを起こす可能性であったらしい。彼は数日のにらみあいのち、ついに戦端を開くことを決意した。

アテネの重装歩兵軍は、下り坂を利して密集隊形のまま駆け足でペルシア軍に突撃した。重装歩兵とは、兜と胸あて・すねあてのほかに、直径一メートルほどの丸い楯で身を守り、長い槍を主たる武器にもつ戦士である。ポリス国家では、軍隊は武具を自弁することのできる市民によって構成されるのが原則であった。彼ら市民戦士は、肩が触れあうほどに密集した、横に長い列を何本かつらね、その陣列を崩さず敵と激突するのを得意の戦法としていた。いわゆる密集戦法である。

駆け足で突進したのは、敵弓兵の攻撃による味方の損害が大きくならないうちに敵陣に肉薄しようという、ミルティアデスの巧妙な計算によるものらしい。のちに述べるとおり、彼はその前半生における経験から、ペルシア軍の戦術をよく心得ていたのである。

重装歩兵の青銅像。前 500 年ごろ

戦闘は、だれもが考えてもみなかった結末に至った。劣勢だったはずのアテネ軍は奮戦し、両翼で敵を撃破して軍壊乱させ、さらに海辺に殺到して軍船に放火したのである。ペルシア軍には予想外の大敗北であった。アテネ側の損害は、軍司令官カリマコスをはじめとする一九二名の戦死者を出すにとどまった。ペルシア軍はマラトンからのアテネ侵攻を断念し、残った船とともにかろうじて海に逃れ出た。

なお、後世ローマ時代の作家ルキアノスやプルタルコス（プルターク）が物語る伝説によれば、このとき伝令フィリッピデス（もしくはエウクレス）が、一刻も早く勝利を知らせようと、鎧兜を身につけたままマラトンからアテネまでしばしも休まず走り抜いた。彼は市内にたどり着くと、「喜んで下さい、我が軍が勝ちました」と告げて絶命したという。この故事をしのび、マラトンからアテネ市内までの長距離を走る競技が、近代オリンピック第一回アテネ大会から始まった。よく知られるマラソン競技の起源である。だがこの伝説はのちの作り話らしい。ペルシア戦争に近い時代を生き、かつエピソード好きで知られるヘロドトスが、これほど印象的な話を一切伝えていないからである。

さて、戦いはここですべてが一挙に終わったわけではない。ペルシア軍はマラトンから逃れ出たのちもなおアテネ攻撃をあきらめず、今度は海路からスニオン岬を廻って、市域の正面沖に姿を現したのである。ミルティアデスたちはこれを察知すると、大至急全軍を率いて陸路を市街地近郊まで引き返し、第二ラウンドに備えるべく迅速に布陣を終えた。沖からこの様子を見たペルシア軍は、とうとう最終的に侵攻を断念し、小アジアに引き上げていった。夢の実現を果たせなかったかつての独裁者ヒッピアスも、失意のうちにまもなく外地で死んだらしい。

かくてミルティアデスの機敏な判断と指導のもと、アテネは国家の独立と、民主政によってもたらされた自由とを守り抜くことに成功した。それまでギリシア随一の強国といえばスパルタであったのだが、その援助なしにアテネがほぼ独力でペルシアの大軍を撃破した意義は、きわめて大きかったのである。

パロス遠征の失敗

こうして救国の英雄となったミルティアデスの信望は、一躍頂点に達した。「ペルシア軍のマラトンにおける惨敗の後、アテナイにおいてはすでにそれ以前から高かったミルティアデスの名声はいよいよ揚った」（『歴史』六巻一三二章。松平千秋訳）とヘロドトスは伝える。

ところが翌前四八九年、ミルティアデスは何を思ったか突然、キュクラデス諸島の南東にあるパロス島への遠征を計画する。市民たちには、自分の言うとおりに軍船・兵員・軍資金を預けてくれればかならず金持ちにしてやると約束したのみで、遠征先などは一切告げず、民会からいわば白紙委任状を与えられ、軍船七〇隻を率いてパロスに出航したのである。

なぜ彼がこのような計画を思いついたのか、確かなことはわからない。ヘロドトスによれば、表向きの理由はさきの戦争でペルシア側に加担したパロスをこらしめるということであったが、内実は、あるパロス人がかつて彼をペルシアの有力者に中傷したことに対する私怨がその動機であるという。良質の大理石を産出するパロスは、当時キュクラデス諸島中もっとも繁栄した島であったと伝えられる。この島を攻略することによって「アテネ市民を金持ちに」することができるとミルティアデスが考えたとしても無理はない。

いずれにせよ、民会が何の説明も求めずこのような計画をすんなり承認してしまったことは、市民たちのミルティアデスに寄せる信頼がこのとき絶大なものであったことを物語るだろう。彼にはマラトンの合戦以前にも、エーゲ海北部に浮かぶレムノス島を占領して、その土地をアテネ市民に分け与えたという実績があり、今回も市民たちは同様のことを彼に期待したのかもしれない。一人の指導者を、いかに救国の英雄とはいえここまで信頼し切ってしまう点に、スタートしてまもない民主政のひ弱さもまた存在していた。

さてミルティアデスはパロスに着くと、ただちに中心市の城壁を包囲して攻城戦の構えに入り、包囲を解く代償として一〇〇タラントンという莫大な額の金を要求した。ところがパロス人はミルティアデスの脅迫に屈せず、結局二六日間の包囲攻撃に耐えぬいたのである。マラトンでペルシアの大軍を撃ち破ったミルティアデスも、この面積二〇〇平方キロたらずの島を陥落させることがどうしてもできず、ただ城壁の外側をいたずらに荒らし回ったのみにとどまり、しかも彼自身腿に負傷するというおまけまでついてしまった。作戦は完全に失敗、彼はほうほうの体で帰国したのである。

帰国後の彼を待ち受けていたのは、絵に描いたような転落であった。彼はただちに裁判にかけられる。公約の不履行、すなわち「アテネ民衆に対する欺瞞」というのがその罪状であった。告発に立ったのはクサンティッポス。のちアテネ民主政のもっとも偉大な指導者となるペリクレスの父である。

かくしてミルティアデスは本章冒頭に描いたように、民会に被告として引きずり出されたのである。告発側は、彼が「アテネ市民を金持ちにする」という約束を果たさず、「民衆を欺瞞した」責任を厳しく追及し、死刑を求刑した。ミルティアデス自身はすでに腿の傷が悪化して立つことかなわず、みじめにも寝椅子で民会に運ばれてきた。しかも自分では弁明ができず、かわりに弁護に立った友人がマラトンにおける殊勲を理由に情状酌量を訴えた。事実関係ではまったく争う余地なしと見きわめたらしい。

民会が下した判決は、五〇タラントンという法外な額の罰金だった。死罪は免れたものの、五〇タラントンといえば、ミルティアデス自身がアテネ市民全員を豊かにすべくパロス島民に要求した金額の半分である。彼は罰金が払えず獄舎につながれているうち、ついに腿の傷の壊疽が悪化して死んだ。罰金はのちに息子のキモンが支払ったという。

マラトンの英雄の悲惨な最期であった。

判決の背景を探る

このようにしてミルティアデスは裁かれ、死んだ。しかしこの裁判には、どう考えてもある疑問がつきまとうのである。それは、こういうことだ。

裁判の直接の原因が、パロスでの彼の失敗と市民に対する約束不履行であり、正式な告発理由が「民衆を欺瞞した罪」であったことは、ヘロドトスの記述からあきらかだ。しかしながら、マラトンの合戦でアテネを国難から救う勲功を立て、しかもパロス攻略に失敗したとはいえ、とくに軍船や兵力に大損害を与えたわけでもないミルテイアデスに対する仕打ちとしては、アテネ市民の下した判決はあまりに苛酷ではないだろうか。あえてそのような振る舞いをした市民たちの動機には、たんなる約束不履行に対する怒りだけでは説明のつかぬものが残るようにも思われるのである。

そこでいま少し、彼に有罪の判決を下した市民たちの心理を掘り下げて考えてみたい。ローマ時代の歴史家コルネリウス・ネポスが書いた『ミルティアデス伝』は、ヘロドトスとはややことなった情報を伝える。それによると、ミルティアデスに有罪判決をもたらした本当の原因とは、過度の信望を集めたことによって彼が僭主すなわち独裁者の座に就くのではないかとアテネ市民が恐れたことであった、というのである。

たしかにアテネ市民はかつて数十年間、現実にペイシストラトス一族の僭主政を経験している。ではその僭主政とは、いかなる歴史的経緯から出現したものだろうか。そのためには、ポリス成立以来のアテネの歩みを振り返ってみなければならない。

僭主政とは

アテネに最初の政治的なまとまりができたのは、ミケーネ時代（前一六—前一二世紀）のことであったらしい。それは一人の王が専制的に支配する領域国家であった。

それに続く暗黒時代（前一一―前九世紀）の混乱ののち、この小王国は都市国家へと変容をとげ、同時に王政は貴族政へと移行する。前八世紀なかばのことである。貴族政とは、出自の高貴さを誇る少数の貴族が集団で政権を独占する政体である。

ところが前七世紀の後半になると、その貴族政支配は新たに成長してきた平民の不満のまえに、早くも動揺を始める。平民層が参政権を求めて貴族政の城壁を一つ一つ取り崩してゆく、いわゆる民主化の歩みが始まるのである。前五九四年、有名なソロンの改革が断行されたのも、平民と貴族との対立に一定の妥協点を見いだすためであった。門地門閥ではなく、四つに分けられた所得等級に応じて参政権が分配される財産政治《ティモクラティア》がここに実現する。政権に参与できる市民階層も一挙に拡大した。だから同改革は、少数の閥族が政権を独占する貴族政の段階から、民主化に向かってアテネが第一歩を踏み出したという意義をもつ。

しかしながら、これで貴族政の動揺がおさまったわけではない。ソロンの改革以後も、平民層を巻き込んだ有力貴族どうしの権力闘争は、むしろいっそう激しく繰り広げられていった。その争いの末に、ある一人の貴族が、この権力闘争に勝ち残るため平民の支持を取りつけ、それを背景に武力によって従来の貴族政を一挙に葬り去り、非合法に独裁権力を奪取することに成功する。前五六一年、僭主ペイシストラトスの登場である。ゆえに僭主政は、貴族政から民主政への過渡期形態として評価される。

　だから僭主は、独裁者ではあるが、民衆にとってかならずしも暴君ではない。事実ペイシストラトスは中小農民を保護し、文化政策にも熱心で、その治世は善政と言ってよかった。だが彼の死後、息子ヒッピアスに僭主の座が移ってしばらくすると、僭主政は本物の暴政と化す。とくに前五一四年、協力者である弟が反対派によって殺害されてから、ヒッピアスはだれも信用できなくなり、復讐心と猜疑心から多数の市民を謀反の疑いで捕らえ、殺した。その手先になって動いたのは、彼が身辺に置いていた私的な護衛兵たちである。彼は「だれに対しても憎悪を抱いていた」と伝えられる。

　典型的な暴君の行動であった。僭主を意味するギリシア語テュランノス（tyrannos）から生まれた英語タイラント（tyrant）の第一義が、「暴君・圧制者」であるのは、僭主政のこのような側面に由来する。ペイシストラトスの治世に武器を没収されて抵抗の手段を奪われている市民たちは、この専制に無力にもおののくばかりであった。一人の支配者の意のままに市民全員の生命が翻弄されるという恐怖政治を、彼らはいやというほど味わったのである。前五一〇年、ついに反僭主派市民はスパルタの援助を得て蜂起し、ヒッピアスの追放と僭主政打倒に成功する。その後まもなくしてクレイステネスの改革で民主政が樹立された経緯は、すでに述べたとおりである。

この間の記憶は、いまだ市民たちの脳裏になまなましく刻まれていたはずだ。事実こののち長い間彼らは僭主政の恐怖を忘れず、日常会話で「ヒッピアスの僭主政」と言えば、自分勝手なわがまま非道を意味する慣用句となったほどである。

現に、アテネ市民がいかに僭主政復活防止に意を用いていたかは、クレイステネスの改革で創設されたオストラキスモス、すなわち陶片追放の制度自体にはっきり表れている。勢力が集まりすぎて僭主になる恐れのある人物の名前を市民が陶片に書いて投票し、定足数六〇〇〇票で最多得票の者を一〇年間国外追放にするという史上著名なこの制度は、特定の個人に権勢が集中することを嫌う民主政の原理を端的に具現したものであった。以上が、僭主政の成立と倒壊のいきさつである。

だから、アテネ市民がふたたび僭主政の世の中にもどることを極度に警戒したのはよくわかる。だがその警戒心の矛先が、パロス遠征失敗後のこの裁判で、ほかならぬミルティアデスになぜ向けられたのだろうか。この点、ネポスの短い記述だけからでは少々わかりづらい。

ネポスの『ミルティアデス伝』のなかには誤りも多いのだが、ミルティアデスが僭主政樹立の嫌疑を受けたというその記述に関する限り、けっして荒唐無稽な説明とは言えない。というのは、彼の生い立ちと人生遍歴を考慮に入れれば、彼がこのような嫌疑をかけられたとしてもけっして不自然ではないと思われるからなのだ。

　マラトンの合戦の勝利によって、旧僭主の政権奪回を阻止したミルティアデスであるが、じつはたいへん皮肉なことに、彼の一族および彼自身の前半生は、かつてアテネを支配していた僭主ペイシストラトス一族と密接な関係にあったのである。その彼の人生を、つぎにたどってみることにしよう。

2　民主政は守られた

ミルティアデスの生い立ち

ミルティアデスは前五五〇年ごろ、フィライオス家とよばれるアテネの貴族の家に生まれた。同家は、すでにソロンの改革以前から有力な政治家を生み出していた古い門閥である。

　前五六一年、アテネではペイシストラトスが独裁者の地位に就き、以後中断をへながらも前六世紀なかばには僭主政を確立する。名門フィライオス家にとって、政権をペイシストラトス家にひとりじめされたことは、けっしておもしろいことではなかった。かといって、いまさら僭主に刃向かうこともかなわぬ。そこで、ペイシストラトスに上目を使ってうだつが上がらぬまま本国にとどまっているよりはと、同家は勢力拡張の目標を海外に求めようとこころざした。かくして、黒海からエーゲ海への出口にあたるヘレスポントス海峡（今日のダーダネルス海峡）に面したケルソネソスという半島部（同じくガリポリ半島）に植民地を建設すべく、同家の一人が植民団を率いて祖国を離れるのである。

僭主ペイシストラトスは、これで邪魔な政治勢力をていよく厄介払いできるうえに、土地が肥沃で交通の要衝でもあるケルソネソスにアテネの拠点ができることを期待して、この植民地建設を黙許したらしい。食糧を自給できないアテネにとって、黒海北岸の穀倉地帯からヘレスポントス海峡をとおって本国に至る穀物輸入路は、重要な生命線だった。だからそれを押さえる位置にあるケルソネソスを手に入れることは、政治家の重大な関心事だったわけだ。このころから、内心反目しあいながらも自己の利益になる限りにおいてたがいに提携するという、両家の奇妙な関係がスタートするのである。

さてこのとき植民団を引率し、のちに「植民地開拓者《オイキステス》」の呼び名をもって敬称されたフィライオス家の当主が、やはりミルティアデスという名であった。マラトンの将軍ミルティアデスにとっては伯父にあたる人物である。彼はこの偉大なパイオニアで

ミルティアデス系図（＊印は僭主の位にあった者）

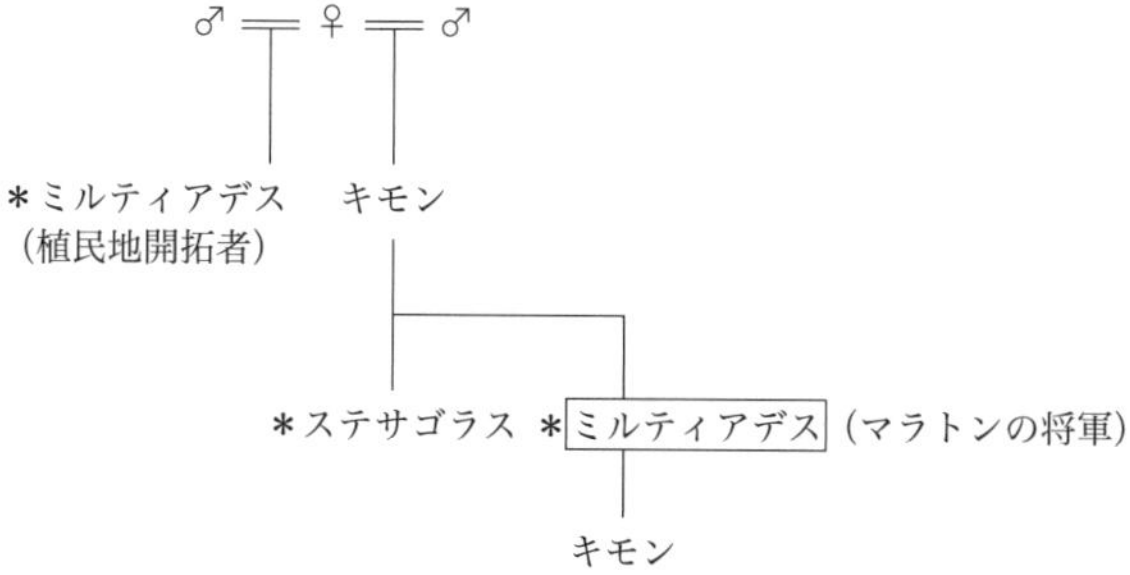

ある伯父にちなんで命名されたわけである（系図参照）。この植民地開拓者ミルティアデスは、女系を通じて当時有力なポリスの一つであったコリントスの僭主を曾祖父にもつ血筋であるから、フィライオス家自身が外国の僭主の流れをくんでいることになる。彼にはかつてオリンピックの四頭立戦車競技で優勝した輝かしい経歴があり、それだけにいっそう僭主ペイシストラトスに嫉妬され、うとまれる存在だったらしい。彼が故国を離れるにあたっては、このような伏線も影を落としていた。

　血筋のうえでも栄誉の点でもペイシストラトスに負けるものかという思いが、つらい植民地開拓事業の支えにもなったにちがいない。開拓者ミルティアデスはケルソネソスに植民地を建設すると、やがて住民たちによってそこでの僭主の位に推された。僭主を嫌って国外移住したフィライオス家みずからが僭主となったのである。ちなみに当時、すなわち前六世紀なかばごろのギリシアは、多くのポリスで僭主政が樹立された時代、いわゆる前期僭主政の後半期にさしかかっていて、支配形態としての僭主政はとくに珍しいものではなかった。

さて彼が子供を残さずに死ぬと、ケルソネソスの領地と僭主の地位は、彼の異父兄弟キモンの長男であるステサゴラスに譲られる。将軍ミルティアデスの兄である。この時代、父がことなっていても同じ母から生まれたという絆は、われわれの感覚以上に強かった。思わぬ遺産がステサゴラスの懐に転がり込んだわけであるが、幸運は長く続かない。植民地ケルソネソスは、要衝であるだけに敵国に狙われやすく、その創設以来の歴史は隣国や異民族との絶えざる戦いでもあった。ステサゴラスは一〇年ほど僭主として支配したのち、敵国が放った刺客の手にかかって命を落としてしまう。

すでにアテネ本国は、二代目僭主ヒッピアスの時代に入っていた。彼は要地ケルソネソスにおけるアテネの影響力を引き続き確保する必要に迫られる。そこで白羽の矢を立てられたのが、このときまだ本国にいた本章の主人公ミルティアデスその人であった。彼は僭主一族の強力な支援によって、ただちに兄の跡を継ぐべくケルソネソスに派遣され、僭主の地位に就く。前五一六年ごろのことである。

独裁者ミルティアデス

ミルティアデスはすでにそれ以前からヒッピアスの厚遇を受けており、前五二四／三年には筆頭アルコン（執政官）の地位に指名されている。当時のアルコンといえば国政の最高官職であった。もっとも、この「厚遇」も心底の信頼関係に基づいたものではけっしてない。事実ミルティアデスの父キモンは、異父兄弟同様オリンピックでの栄冠を何度も手にした人物だが、やはり僭主一族にうとまれたのだろう、前五二八年に暗殺されている。あきらかにヒッピアスの差し金だった。僭主の暴政を予告する事件である。父を殺されたいわば代償としてアルコンの地位を申し出られたミルティアデスの心境は、きわめて複雑な、うしろ暗いものだったにちがいない。

というわけで、うわべの友好関係とは裏腹に、ミルティアデスと僭主一族との関係は陰険なくまどりに満ちていた。にもかかわらずミルティアデスが「厚遇」されたのは、僭主政といえどもいくつかの有力貴族の力関係の微妙なバランスのうえに成り立っていたからにほかならない。僭主一族は、ここでも自分の支配体制に有利である限りにおいて、ミルティアデスを利用したのである。彼のケルソネソス派遣もその一環であった。

かくしてミルティアデスは、故国を遠く離れた植民地において二〇年以上にわたり、自身まぎれもなく僭主の座にあったのである。彼は三〇代から五〇代の壮年期を、もっぱらこの僭主時代に過ごした。その間、現在の南ロシアを故地とする異民族スキタイ人との闘争に明け暮れたり、あるいはペルシア王のスキタイ遠征に参加するなど、本国にいてはとうてい不可能な経験を積み重ねていった（ただし当時の彼とペルシア王との関係については異論が多い）。いずれにせよこの時期の経験が、のちマラトンでスキタイ弓兵を主力とするペルシア軍と戦う際に、大きくものを言ったものと思われる。

ところがその間、母国アテネは激しい体制変革を経験しつつあった。まず彼をケルソネソスに送った僭主一族は前五一〇年に追放され、アテネは僭主政の悪夢から解放された。ついで前五〇八年、クレイステネスの改革により民主政の最初の礎が築かれる。

やがてミルティアデスは、イオニア反乱に加担した嫌疑を受けてペルシア側から追っ手を差し向けられ、前四九三年に全財産を船に積んでからくも本国に逃げもどる。帰ってきたミルティアデスが目にしたアテネは、かつて彼がそこをあとにしたときに比べて、政治的にいちじるしい変貌をとげていた。祖国は、民主政という聞き慣れぬ衣を身にまとっていたのである。彼は、いわば今浦島の立場に置かれてしまった。他方、迎えるアテネ市民の目にも、彼はどこか異国風の雰囲気を漂わせた人物に映ったことだろう。

帰国と同時に、彼はケルソネソスでの僭主政の罪を問われて政敵に告発される。彼の第一回目の裁判である。このときの政敵というのは、僭主一族と長年来宿敵の関係にあり、これを追放して民主政を樹立したクレイステネスの一族、名門アルクメオン家であったらしい。政敵アルクメオン家にしてみれば、うわべであれかつて僭主と協力関係にあり、しかも植民地でみずから僭主の座に居座っていたという事実だけで、彼を政治裁判にかける大義名分は十分立ったのだ。同家にとって本国の政界に返り咲かれてははなはだ不都合なミルティアデスは、民主政に対する敵として民会での裁判にかけられたのである。

ところが、このときのアルクメオン家のもくろみは、みごとに外れてしまった。民衆の間でのミルティアデスの人気は、彼らが思っていた以上に高かったのである。彼はこの数年まえレムノス島を占領する功績を立てていたし、またペルシア軍の戦術を熟知している軍事指導者としての経験も買われたのであろう。国外での行為は罪に問えないと考える人々も多かったにちがいない。この第一回裁判で彼は無罪となり、その後アテネ市民の信頼を得て将軍に選出され、マラトンの合戦を迎えることになる。

名声から嫌疑へ

以上が、波乱に富んだミルティアデスの経歴である。当人たちの心情の問題は別にして、彼と彼の親族は僭主ペイシストラトス一族との長年の協力関係にあったばかりか、みずからも代々植民地における僭主として君臨してきた。

マラトンで輝かしい勝利を獲得したことは、これまで述べたような前歴の持ち主であるミルティアデスにとって、むしろ用心すべきことであったはずだ。なぜなら、僭主とは大きな声望を支えにして出現するものであるから。しかし、みずからの名声に目がくらんでしまったのか、彼はその用心を怠ってしまった。パロス遠征の失敗でいったん民衆の信頼を失うと、彼の名声は、その経歴とあいまって、たちまち僭主復活の嫌疑に切り替わったのではないだろうか。このような事情を考慮に入れれば、さきのネポスの記事も十分理解することができる。ミルティアデスのジレンマは、民主政アテネを救ったがゆえに、かえって彼個人に声望が集中してしまったことにあったのだ。彼の落命につながる前四八九年の第二回裁判の有罪判決は、こうした背景から導き出されたものだと考えられる。

そのうえ、彼個人の行動様式に僭主のにおいがつきまとっていたことも否定しえない。ケルソネソスにいたころの彼は、反対派の住民を計略にかけて多数逮捕したり、五〇〇人の護衛兵をつねに身辺に置くなど、その振る舞いはまさしく独裁者そのものであった。その風聞とともに、パロス遠征に際して完全な白紙委任状を民会に要求するというなかば強引なやり方も、このとき人々の記憶に鮮明によみがえったことであろう。正式な告発理由のなかに表れていない、市民の側のミルティアデス弾劾の動機とは、このような彼を放置しておけばやがて民主政を脅かし、僭主政を生き返らせるに相違ないという懸念であったのだ。

アルクメオン家が、政敵排除のための好機再来を見逃すはずがない。この第二回裁判で告発人を務めたクサンティッポスは、クレイステネスの姪の婿であり、アルクメオン家との姻戚関係を足がかりに政界進出を企てつつある人物だった。正確を期して言えば、このような貴族どうしの敵対関係が、市民たちの心理のなかに潜在する僭主政への恐れをあおり立てることで、マラトンの英雄のみじめな死をもたらしたということになる。

ミルティアデスの死が意味するもの

この裁判が、アテネ民主政の歴史においてもつ意義は何だろうか。

ある見方によれば、それは貴族の家門どうしの権力争いであり、彼らの政争の具としての裁判にすぎぬと解釈されるかもしれない。だがこの裁判には、そのような読み解き方だけではとらえ切れない、もっと新しい、そして重大な意義が認められるのである。

ミルティアデス裁判がたんなる貴族の政争以上の意味をもっていたことは、彼の前後二度の裁判を比較することであきらかになる。どちらの場合も、彼を告発した政敵の動機は、政界での主導権争いといういわば私的なものである。しかしながら、前者で彼は無罪となり、後者では有罪となった。何がこの結果の差を生み出したのだろうか。答は、裁判の手続きを見れば明瞭である。どちらの場合も裁判権をもっていたのは、民会に集う民衆、すなわち市民団全体であった。二回の裁判ともミルティアデスの運命の鍵を最終的に握っていたのは、もはや一部の貴族たちではなく、民主政という新たな体制によって国政の重要な部分への参画を実現した民衆だったのである。

双方の訴訟とも、筆頭アルコンが告発を受けつけ、しかるのち民会に事件を回付し、そこで審理が行なわれ判決が下されるという手続きに従ったらしい。大事なことは、ここで判決を下すのがあくまで民会の多数意思であることだ。アルコンが専断的に裁判権を行使していた貴族政の時代は、もはや過ぎ去った。この訴訟手続きは、こののちさらに発展進化してゆき、売国や民主政転覆などの国事犯クラスの罪で多くの著名な政治家たちを裁きにかけ、政治史上きわめて顕著な役割を果たすことになる。民主的なルールで進められるこの訴訟手続きを、「弾劾裁判《エイサンゲリア》」と呼ぶ。詳細は後述に委ねよう。ミルティアデスの二度の裁判は、この弾劾裁判の初期の形態によるものである。

この弾劾裁判という制度がいつ創設されたかについては、いまのところ定説を見ない。しかしおそらくは前五〇八年のクレイステネスの改革において、民主政防衛――この場合それはとりわけ僭主政復活阻止ということを意味していた――のための法的手段として誕生したと考えるのがもっとも妥当であろうと思われる。ミルティアデス裁判は、創設されて二〇年ほどののちにはじめて実際にこの制度が適用された事例なのだ。

たしかにその初動段階では貴族の思わくが働いていたにせよ、為政者に対してみずからの意思を突きつけてみせるきわめて有効な武器が手中にあることを、民衆はこれらの裁判においてはっきりと自覚した。政治家どうしの私闘や、非合法なクーデター・暗殺によるものではなく、訴訟という合法的な手段によって指導者の責任を追及し、その運命をも左右することのできる装置を、こののち彼らは育ててゆく。本書で言う公職者弾劾制度の発展史の、まさに最初の一里塚として、ミルティアデス裁判は位置づけられるのである。

民衆はパロス遠征失敗事件をとおして、一人の将軍に無制限の権限を委ねることが、できたばかりの民主政にとっていかに危険なことか思い知らされたにちがいない。またそのような態度こそが、僭主の再来を招く温床にもなるということを、彼らは反省とともに悟ったのである。ミルティアデス本人にその意図がなかったにせよ、彼に僭主のにおいを嗅ぎつけようとした市民たちの警戒心には、草創期民主政を防衛しようとする強固な意志を感じとることができるのである。

ミルティアデスにとっては、アテネ本国で自分が僭主の嫌疑を受けることなど、まさしく心外であっただろう。むしろ、自分の先祖が僭主にうとまれて国外に旅立ったこと、そして、ほかならぬ自分の父が僭主の手にかかって殺されたことを、大声で叫び出したかったにちがいない。しかし他方、それが空しい試みであるのも彼にはよくわかっていた。世の中の流れは、彼個人の心情と次元のちがうところで重々しく動いてゆくものであり、彼の言い分は、彼を取り囲んでいる現実のまえでは、あきらかに無力であったのだ。

ふたたびマラトンにて

ミルティアデスたちがペルシア軍と戦ったマラトンの古戦場跡は、アテネ市街からバスで一時間ほど、浜マラトン（パラリア・マラソーナ）という集落の近くにある。自動車もめったにとおらない平原のただなかに、ぽつんと小高い塚があるのでようやくそれとわかる地味な遺跡だ。

マラトン。アテネ人の墳墓

塚は、マラトンの合戦で戦死したアテネの重装歩兵一九二名を葬ったと伝える古墳である。塚のそばには、一人の重装歩兵の姿を彫刻した大理石の墓碑が、複製ではあるが建っている。一方、ミルティアデスをしのばせる記念物は現在何も残されていない。後二世紀後半の旅行家パウサニアスは彼個人を葬った墓もあると記述しているが、発見されていない。

マラトンの勝利は、少なくとも当時のアテネ市民の意識のなかでは、一人の英雄の働きだけでもたらされたものではなかった。ミルティアデスの戦術が功を奏したとはいえ、ここに眠る被葬者をはじめとするアテネの重装歩兵市民が、集団の力で獲得したものと彼ら

「マラトンの勇士通り」

は考えたのだ。

マラトンの合戦の成功は、のちに「マラトンの勇士《マラトノマカイ》」として称賛される市民戦士が、神々の助けを借りて達成したものだった。後世のアテネ市民は、このマラトンの勇士をたいへんな誇りにした。そのイメージは、市民たちの民主政イデオロギーを形成するうえで大きな役割を果たしてゆくのである。

現在、例のアテネ人の墳墓の付近を歩くと、「マラトンの勇士通り」と名づけられた道路があるのに気づく。もちろん近代に命名されたものであろう。だがその標識は、国難を救った主人公がだれであったかをよく象徴している。アテネ民主政に個人としてのヒーローは必要なかったのだ。

ミルティアデスの死によって、人々は新たな世の中の到来を知った。貴族政の系譜を引いた叙事詩的な古いタイプの英雄が、民衆の手によって裁かれる時代が始まったのである。

第二章　指導者の栄光と苦悩

1　アテネ民主政の輝き

ペリクレス

ミルティアデスの死後一〇年、数度にわたる合戦をへてアテネとギリシア諸国はついにペルシア戦争に勝利した。それをきっかけに、アテネは急速にギリシア世界の第一等国の地位に昇りつめ、前五世紀のなかばにその支配力は絶頂を見る。古典期と呼ばれる時代（前五―前四世紀）のなかでも、ペルシア戦争が終結した前四七九年からペロポネソス戦争が勃発する前四三一年までのほぼ五〇年間は、ギリシア古典文化のハイライトである。その文化的創造の中心地が、ほかならぬアテネであった。政治経済ともにめざましい発展をとげたアテネの黄金時代は、世界史上もっとも輝きに満ちた時代の一つである。

この全盛時代をもたらしたのは、一人の政治家のたぐいまれなる識見と指導力であ

ペリクレス肖像。大英博物館蔵

った。今日われわれに強い感銘を与えるアクロポリス上の神殿建築は、彼の優れた計画と実行力とによって建てられたものだ。民主政のシステムも、彼のリーダーシップのもとで飛躍的に発達する。彼ほどの政治家を、アテネはあとにもさきにももつことができなかった。

彼の名を、ペリクレスという。ギリシアの栄光はペリクレスの名に代表されるアテネの栄光がアテネに代表されるならば、アテネの栄光はペリクレスの名に代表されるのである。

ある肖像

ペリクレスとはどんな人物だったのだろうか。

彼の肖像の一つが、現在大英博物館に収蔵されている（右写真）。上半身だけの大理石像で、ほぼ実物大。ローマ帝政初期の模刻（コピー）で、一八世紀にローマ近郊で発見されたものである。これと同型のペリクレス像は全部で四つほど残されているが、いずれも同一のオリジナルからの模刻と考えられている。オリジナルは前五世紀後半、おそらくはペリクレスの死の直後に、彫刻家クレシラスにより制作されてアクロポリスに建立された等身大のブロンズ立像で、英雄的な裸体像だったと美術史家は推測している。異説はあるものの、この古典期のオリジナルにもっとも忠実なコピーは、大英博物館所蔵のものであるというのが有力説である。

静かで、やや内向的な表情である。だが、彫りが深く整った眉根と剛直な鼻梁、肉厚な唇と引き締まった口もとは、この人物の奥に秘めた強靭な意志と自信を感じさせる。顔の下半分をおおうカールしたひげは短く刈り込まれており、壮年の男性の成熟を表現している。やや重たげなまぶたの奥の、何かをじっと見すえているような眼は、鋭い知性のきらめきを放っているようだ。

頭にかぶっているのは、コリントス式と呼ばれるヘルメットだ。戦闘時にはすっぽり下までかぶって目だけを眼孔からのぞかせるのだが、そうでないときにはこの像のとおり、頰当ての下縁を帽子のひさしのようにもち上げて顔を出したのである。なぜかぶりもの姿に作られたのかについても諸説ある。ペリクレスは均整のとれた容姿の持ち主だったが、ただ頭が不均等に長かったと伝えられる。これは事実らしい。同時代の喜劇作家たちは、それをかっこうのからかいの種にし、「玉ねぎ頭」だの「一一もベッドを置けるくらい大きな頭」だのと憎まれ口をたたいた。彼の肖像がヘルメットをかぶっているのも、この長すぎる頭を隠すためだった、と『英雄伝』の作者プルタルコスは述べる。だがそのほかに、ヘルメットは将軍としての地位を示すシンボルであるからとか、アテネの守護神アテナ女神の武装した姿にあやかったのだという見方もある。

この像がどれだけペリクレス本人に似ているかという話になると、これはもう美術史上の大論争である。だが、彼のリアルな特徴を写実的に表現しようとした作品でないことは、少なくとも確かである。その人にしか備わっていない個性という概念を、古典期の人々はもちあわせていなかった。文学でも美術でも、人間は個性によってではなく、よくも悪くも一種の理想型にあてはめて描かれた。だからこれをペリクレスの「生き写し」と見ることはできない。しかし逆に、彼がどのような人格としてアテネの人々の目に映っていたのかということは、むしろこの像をとおしてこそあきらかになるだろう。私はそこに、物静かだが力強い父性が感じられるように思うのである。

父性のシンボル

肖像一つにここまで読み込む必要に迫られるほど、ペリクレスの人となりを伝えるエピソードは少ない。それは偶然ではなく、彼本人の行動様式ないし生活信条に関係するらしい。というのも、彼は私生活をできるだけ公衆の目に触れないようにし、公の場以外にはつとめて姿を見せぬよう心がけていたからである。これが意味することはのちに考えることにしよう。

乏しい史料が物語るところでは、彼は民主政最大の庇護者・指導者だったにもかかわらず、その態度は典型的な貴族のそれであったらしい。悪く言えば気位が高く、少なくとも気さくな人物だったとは言えまい。大衆的で下品なことば遣いとは無縁で、歩き方も悠揚としており、演説の際に声を荒らげるようなまねはせず、しかも人前ではけっして笑顔を見せなかったという。

にもかかわらず古来彼が称賛されてきたのは、その感情に流されぬ自制心のゆえである。つぎのような逸話がある。いつものように彼がアゴラの役所で執務していると、一人の男がやって来て一日中彼に聞くにたえぬ悪態をついた。しかし彼は怒り出すでもなく、相手にせず黙々と仕事を処理していった。夕刻執務を終えて家に帰る道すがらも男は彼につきまとい、ありとあらゆる罵言を投げつけた。ペリクレスは家に着くと、もう灯ともしごろになっていたので、奴隷にランプをもたせて男を家まで送らせてやったという（プルタルコス『ペリクレス伝』五章二節）。このような彼の堅忍さ、情緒に左右されぬ意志の強さが、政敵の目には尊大で横柄というふうに映ったのであろう。

反対派の喜劇作家が彼に浴びせた揶揄のたぐいは、比較的多く伝わっている。ペリクレスほどの権勢を誇った政治家でも、彼らの悪口雑言を弾圧することはできない。言論の自由は、民主政の背骨となる重要な原則の一つだったからである。さきほど述べた「玉ねぎ頭」のほかに、しばしば彼らが用いたペリクレスのあだ名は、「ゼウス」ないしは「オリュンピオス（ゼウスの添え名）」、すなわち神々の世界を支配するギリシア神話の主神の名であった。他をはるかにしのぐ彼の政治家としての才能と権勢、とくにその弁舌の能力を、やっかみ半分にそう表現したらしい。ある喜劇作家は、「おそるべき雷電を舌のうえに乗せて」と彼の演説を比喩した。ゼウスは稲妻を投げつけて人間を罰すると信じられていたのである。

実際、彼が演説を始めると、その弁論のうまさと説得力には、ほかのどの政治家もまったく太刀打ちできなかった。ペロポネソス戦争一年目に戦死者を追悼する国葬の式典で彼が行なった葬送演説は、同時代の歴史家トゥキュディデスの『戦史』に採録されているが、民主主義の理想を格調高く宣言したものとしてあまりにも名高い。トゥキュディデスは政治家としてのペリクレスをきわめて高く評価し、彼が民衆から絶大な信頼を寄せられながら、それにこびることなく、「市民がわきまえをわすれて傍若無人の気勢をあげているのを見ると、ペリクレスは一言放ってかれらがついに畏怖するまで叱りつけたし、逆にいわれもない不安におびえる群衆の士気を立て直し、ふたたび自信を持たせることができた」（『戦史』二巻六五章九節。久保正彰訳・以下同様）と述べている。

さきほど私が父性ということばを用いたのは、理由のないことではない。けっして感情に流されず、なおかつ必要なときにはぴしりと民衆を叱るペリクレスの姿は、まさに厳父のそれであろう。彼のあだ名ゼウスが、神話ではオリュンポスの神々の父とされていることに注意すべきである。ペリクレスを民主政のチャンピオンとして支持したアテネ市民たちは、彼だけがもつ指導者としての資質のなかに、父なるものの姿を見ていたのだ。現代の歴史家は、彼を「父性のシンボル」と呼んでいる。

デロス同盟

ペルシア戦争でのギリシア連合軍勝利に貢献したアテネは、戦後ペルシアがふたたび来襲するときに備えて、前四七八年、エーゲ海を中心とする諸ポリスと軍事同盟を結び、圧倒的な海軍力を背景にその盟主の地位におさまった。これをデロス同盟という。ペルシア戦争の行方を決定づけたサラミスの大海戦（前四八〇年）で、ギリシア連合艦隊が劣勢にもかかわらず、アテネの指導によって奇跡的な大勝利をおさめて以来、アテネの国際的信望はいやがうえにも高まり、これを盟主と仰ぐポリスがあいついだのである。

　デロス同盟の加盟国は、軍船ないし軍資金を提供する義務を負っていた。同盟軍艦隊の司令権と同盟資金の管理権はアテネが掌握したし、提供すべき軍船や軍資金の各国への割りあて査定もアテネが行なった。大部分の同盟国は、より容易な資金提供のほうを選んだ。年々徴収されるこの軍資金を、同盟貢租《フォロス》という。また同盟財務官《ヘレノタミアイ》と呼ばれるアテネ人の役人が、デロス島に置かれた同盟の本部で資金を管理したから、当初から同盟はアテネの強力なリーダーシップによって動かされていたのである。同盟国は最大で二〇〇近くにのぼった。

　最初のうちこそ、デロス島で開催される同盟会議が同盟の運営方針を決定していた。しかしやがて、戦後もなお続くペルシアとの地域紛争や、アテネの台頭をこころよく思わないスパルタの率いるペロポネソス同盟との対決において、アテネの軍事指導権が発揮されるようになると、同盟組織はしだいにアテネの対外拡張政策の手段という性格を色濃くしてゆく。前四七〇・六〇年代は、アテネがそれまでギリシアの最強国であったスパルタに対抗し、新たな覇権をエーゲ海の海上支配に強引に求めてゆく時代であった。ペリクレスが政界に登場したのもこのころのことである。

エフィアルテスの改革

ペリクレスの政治生活は、貴族派＝反民主派の首領である政敵キモンと、あらゆる面で真っ向から対立する形で始まった。キモンは前章で少し触れたように、マラトンの英雄ミルティアデスの嫡子であり、国内的には貴族の主導権の存続を、対外的には親スパルタ外交を主張していた。一方ペリクレスは、そのミルティアデスを告発して死に追いやったクサンティッポスの息子であり、代々民主政の進展と反スパルタ外交を提唱してきたアルクメオン家の血を母方から受け継いでいる。この当時、政策と家柄とは密接な関係にあった。ゆえに二人は、公私ともにたがいを宿敵とみなす関係にあったのだ。

キモンはペリクレスよりも一五歳ほど年長で、貴族派の頭目ながらその気さくな人柄、財力と気前のよさ、そして軍事を指導する才能から市民に人気が高く、前四七〇・六〇年代に合計九度にわたって将軍に選挙された。この時代のアテネの対外拡張政策の遂行は、何度も海外遠征に成功し、領土を拡げて植民地を獲得したキモンのリーダーシップに負うところが大きい。キモンの勢いのまえに、民主派の動きも一時停滞を余儀なくされた。

ところが前四六三年、キモンは海外遠征から帰国したとたん裁判にかけられる。彼が敵から買収されて利敵行為を働いたというのが告発の理由であった。乾坤一擲の民主派の反撃である。告発はまず民会に提出され、そこでキモンの訴追が承認されるとともに、法廷で検事の役を務める公選訴追人が数人選出された。そのなかの一人が、若きペリクレスであった。彼はまだ三〇歳を超えたばかりであったが、法廷において舌鋒鋭くキモンの責任を追及した弁論のあざやかさは、一躍この青年を民主派の新たなリーダーの一人とするのに十分であった。ただ判決は、民主派にとって無念なことに、キモンを無罪とした。

このとき民主派の頭目は、エフィアルテスという人物であった。民主政の徹底を望んでいた彼はペリクレスと協力し、貴族派打倒のつぎのステップに乗り出す。クレイステネスの改革によって民主政はその基礎を築かれてはいたが、なお伝統的な貴族の勢力も温存され、国制として民主政は不完全なままであった。というのは、貴族勢力の最後の牙城であるアレオパゴス評議会が、この時期いまだに国政の重要な権限を握っていたからである。

アレオパゴス評議会とは、ローマでいえば元老院にあたる貴族の長老会議である。その名はアクロポリスの西麓にあるアレス神の丘（アレオパゴス）のうえで会議が開かれたことに由来する。アルコン就任経験者が終身そのメンバーとなり、貴族政時代から「法の番人」と称して役人の違法行為や国事犯を裁く権利などを掌握していた。アルコン（執政官）は、やはり貴族政以来存続する最高位の九人の官職で、前述の筆頭アルコンとポレマルコス、およびバシレウス（宗教行政担当官）と六人のテスモテタイ（司法担当官）からなる。彼らは、当時まだ社会の上位身分からしか選ばれていなかった。だからそのOB会議であるアレオパゴス評議会は、いきおい少数貴族の政治的拠点として隠然たる勢力を誇ったのだ。これを潰さなければ、真の民主政の実現は永久に望めない。エフィアルテスとペリクレスのつぎのターゲットは、このアレオパゴス評議会だった。

現に彼らは、ある差し迫った理由からもアレオパゴス評議会を放ってはおけなかった。というのも、こまかな実証は省くが、さきの裁判でキモンに無罪の判決を与えた法廷は、ほかならぬアレオパゴス評議会だったと推定されるからである。詳細は不明だが、キモン裁判の前半では民会が訴追決議を下したものの、その後半段階になってアレオパゴス評議会が強引に手続きに割り込んできて裁判権を主張したものらしい。貴族の会議が貴族派首領に有利な判決を下すのは当然だった。せっかく民会から訴追の承認を得ながら、終審法廷で敗訴したペリクレスらのくやしさは想像に余りある。最大の政敵キモンを政界から排除するためには、だから、アレオパゴス評議会に鉄槌を下すことがどうしても必要だったのである。ぐずぐずしていると相手からカウンターパンチを受けて、あべこべにこちらが排除されるはめになろう。

歴史の歯車はふたたび大きな音をたてて回転した。翌前四六二年、キモンが遠征に出かけて留守の間に、エフィアルテスとペリクレスは政変を起こす。そしてアレオパゴス評議会から、殺人などごく一部の事件の裁判権をのぞくすべての政治上の実権を剝奪し、民会・民衆裁判所および五百人評議会といった民主的諸機関に分け与えたのである。あざやかな一撃であった。政変の具体的な経緯はよくわかっていない。ともかく結果としてアレオパゴス評議会は、かろうじてその存続は認められたものの、以後政治の重要な場面からは姿を消したのである。この大きな事件を、エフィアルテスの改革と呼ぶ。かくしてアテネ民主政は名実ともにその骨組みの一応の完成を見る。いわゆる完全民主政《ラディカル・デモクラシー》の時代が幕を開けたのである。

民会は、本書の冒頭でも説明したように、成年男子市民の全体集会で、この改革以降名実ともに国家の最高議決機関となった。五百人評議会は常任執行委員会と呼ぶべき機関で、抽選で選ばれた任期一年・五〇〇人の評議員によって構成される。民会で決定された政策を実行する行政の最高機関であるとともに、議案をあらかじめ先議して民会に提出する重要な役目を果たしていた（以後「評議会」と言うときにはこの五百人評議会を指すことにする）。民衆裁判所はこの改革によって、たんに民会が裁判目的に集まっただけの従来の形態から独立して、やはり抽選され一年任期で交替する六〇〇〇人の裁判員からなるものへと進化をとげた。ほとんどすべての訴訟はここで最終的な判決を下される。いずれも市民全員参加の原理によって編成された民主的組織である。これら民主政の主要三機関については、次章であらためてくわしく述べるだろう。

民主政の確立

さてこの改革後、遠征から帰国したキモンはまもなく陶片追放にあい、数年間本国を離れる。エフィアルテスは改革の直後に暗殺されてしまったので、ペリクレスは若年ながらこれ以後民主派を率い、民衆指導者としてめざましいばかりの活躍をする。こうして前四五〇年代から、政治の主導権はペリクレスの手に移行してゆくのである。

ペリクレスは、民主政のシステムのさらなる整備に力を注ぐ。まず民衆裁判所の裁判員の日当を導入する一方、アルコン職を平民にも開放する。また前四五一年、有名なペリクレスの市民権法の成立により、両親ともにアテネ人でなければ市民権を認められなくなり、市民団の閉鎖性はここに完成を見る。

そのように足元を固めたうえで、彼は貴族派残存勢力の一掃を図る。キモンは追放解除後ふたたび将軍職に返り咲くが、もはや往年の勢いは取りもどせない。ほどなくキモンは世を去り、貴族派の首領の地位はトゥキュディデス（歴史家とは別人）に移るが、前四四三年に彼も陶片追放されてしまうと、事実上ペリクレスの反対勢力は地を掃《はら》うようになる。以後彼は一五年にわたり連続して将軍に選ばれ、安定した政権を維持してゆくのである。

将軍は、抽選ではなく選挙で選ばれる軍事的専門職の最高位であり、例外的に再任・重任が可能で任期に制限がない。さらに職権上、評議会・民会での動議提案権も与えられ、またときには戦略行動に関して民会から全権を委任されることもある。前四八七／六年に抽選で選出されるようになって以来アルコンの地位は低下してしまい、代わって選挙で選ばれる将軍が事実上の国家の最高官職となっていた。

将軍としてこれほど長期間市民の絶大な信用を得て、強い指導力を行使した政治家は、アテネ民主政史上ペリクレスをおいてほかに例を見ない。歴史家トゥキュディデスが「その名は民主主義と呼ばれたにせよ、実質は秀逸無二の一市民による支配」（『戦史』二巻六五章九節）と要約したペリクレス時代は、このようにして到来したのである。

対外的には従来の拡張政策を発展させ、デロス同盟支配の強化に向かう。同盟国における重要な裁判はアテネの民衆裁判所で受けさせ、さらには役人を派遣して内政に干渉させた。同盟からの離反は容赦なく武力鎮圧するとともに、エーゲ海周辺に領土を獲得してつぎつぎに植民団を送り込んだ。アテネのずば抜けた海軍力が、この背景にあることは言うまでもない。同盟の組織は、はやアテネの専制支配機構に変質してしまった。近代の歴史家たちはこれを「アテネ帝国（Athenian Empire）」と呼ぶ。

ついに前四五四年、ペリクレスは同盟金庫をデロス島からアテネのアクロポリスへ運び上げ、以後同盟資金をアテネ財政に公然と流用しはじめた。こうして同盟貢租は、アテネが同盟国から徴収する租税という性格を強めることになった。

これ以降、けたちがいの額の資金が国庫に流れ込むようになる。同盟支配のこの果実は、さまざまな形で市民団に還元された。アテネは空前の繁栄を見る。その栄光をもっとも顕著な形でいまに伝えるのが、ペリクレスによって企画・建造された、アクロポリス上に輝く古典建築の傑作群である。

2　公と私

パルテノン神殿

今日ギリシアに旅する人で、アテネのアクロポリスを素通りする人はまずいまい。どんなに急ぎ足のツアーでも、ギリシア観光といえば、何はともあれアクロポリスとパルテノン神殿がその目玉だろう。事実そのとおり、この石灰岩の丘にそびえ立つ大理石のモニュメントは、けっしてわれわれの期待を裏切らない。

銀色の葉裏をきらきらさせているオリーブの林を抜けてアクロポリスの坂道を歩き、入場口をくぐってむきだしの岩山を登りつめると、前門（プロピュライア）の壮大な石柱の林立と石段が目のまえに迫る。しらずしらず儀式のような足取りになって、一歩一歩石段を踏みしめて登り切ると、門柱の間から、あわい肌色の大理石で組み立てられた巨大な形状が姿を現す。パルテノン神殿だ。現在残っているギリシア神殿は数多いが、これだけ巨大でありながらけっして鈍重に見えず、均衡の美と輝きをいまでも失わない神殿建築はほかにないだろう。それが与える感動は、安易な言語表現を拒絶するような、身体の奥から沸き起こってくるものである。この神殿をまえにして、時間がたつのも忘れて立ちつくした経験をもつ人は多いだろう。

プルタルコスは、ペリクレスが作ったこの建築を評してつぎのように言う。「アテネにはもっとも多くの歓喜と装飾をもたらし、また他国の人々には最大の驚異を与え、いまに語り伝えられているギリシアのあの国力といにしえの繁栄とが、けっして偽りではないことを証言してくれるただ一つのもの……」（『ペリクレス伝』一二章一節）。いまやユネスコの世界遺産にも登録されたアクロポリスのパルテノン神殿は、現代のわれわれにとってと同様、古代の人々にとってもたとえようのない驚嘆の対象であったのだ。

パルテノン神殿

アクロポリスにはかなり古くからアテナ女神を祭る聖所が設けられていたのだが、現在のパルテノン神殿は二代目にあたる。初代の神殿は前五世紀はじめに建てられたものらしいが、前四八〇年第三回遠征のペルシア軍侵入によってアクロポリスが略奪されたときに破壊しつくされてしまった。ペリクレスは早くから独自のアクロポリス総合再建計画をあたためていたが、十分の準備と立案ののち前四四七年に着工。神殿本体は前四三八年に一応完成したが、彫刻などの装飾が仕上がって神殿全体が竣工したのは前四三二年のことである。神殿内に安置される巨大なアテナ女神像や神域の入り口を飾る前門も含めて、総合的な基本構想は事実上ペリクレスによるものだが、神殿はイクティノスとカリクラテス、女神像は有名な彫刻家フェイディアス、そして前門はムネシクレスがそれぞれ設計を担当した。

神殿本体の均整美、破風やメトープとフリーズ（いずれも柱のうえに横たわる欄間）に施された彫刻の優美もさることながら、現在は失われてしまった本尊・アテナ女神像の大きさと贅美も驚異的だ。像高一二メートルのこの像は、木製の骨組みのうえに、着衣の部分は純金を、肌が露出している部分は象牙をそれぞれかぶせて作られ、黄金はいざというとき取り外し可能であったという。この像一体の制作費が、神殿本体のそれを上回ったというからすごい。

工費と財源

そもそもパルテノン神殿の総工費はどれくらいだったのか。工事に関係する史料は、のちに紹介する会計報告碑文も含めてあまりに断片的で、確たる推定の根拠とならない。

R・S・スタニアーが一九五三年に発表した総工費推計方法は、かなり数理的で筋道のとおったものだ。彼は、碑文史料によって比較的工費がよくわかっているエピダウロス——あの音響効果抜群の劇場で有名な、ペロポネソス半島東部のポリス——のアスクレピオス神殿と、アテネのパルテノン神殿を比較するという方法をとる。それによれば、まずエピダウロスの神殿建造における採石・運搬・組み立て・仕上げの各工程について、石の重量ないし表面積ごとの工事単価を、碑文の会計文書をたよりに割り出す。たとえば、採石費用は石一トンあたり九・三ドラクマ、仕上げのそれは表面積一平方メートルあたり三・二七ドラクマ、というふうに。ちなみにドラクマは貨幣の基本単位で、当時の熟練建設作業員の日当が一ドラクマだった。しかるのちこの工事単価をパルテノン神殿にあてはめ、採寸によって計算された同神殿各部の重量および表面積に乗じて総工費を算出するというやり方である。もちろん双方の間の貨幣価値や運搬距離、彫刻費の差なども慎重に考慮に入れられる。

結論は、パルテノン神殿総工費合計四六九タラントンと出た（一タラントンは六〇〇〇ドラクマ)。だが、スタニアーの推計額は大方の予想よりかなり少なかった。彼の方法は大理石の質の差を無視しているし(パルテノン神殿はペンテリコン大理石という最上級のものを精選して用いている)、ほかにも二つの神殿を単純に比較するにはあまりに不確定な要素が多すぎるという理由から、彼の結論の数字そのものはあまり支持されていない。多くのデータを総合すると、研究者にもよるが、パルテノン神殿総工費はおおむね七〇〇から九〇〇タラントンと修正するのが妥当な説のようである。これに女神像費用七〇〇から一〇〇〇タラントンおよび前門の工費をあわせて、ペリクレスがアクロポリス再建全体に費やした金額は総計二〇〇〇から三〇〇〇タラントンと推定される。

これを単純に円やドルなど今日の貨幣価値に換算してもあまり意味がない。一日の熟練肉体労働の単価が一ドラクマだったことから、その価値はある程度イメージできるだろう。二〇〇〇タラントンと言えば一二〇〇万ドラクマ、すなわちのべ一二〇〇万人分の労働価値に相当するということになる。いずれにせよ、アテネの通常の年間国家経費をはるかに上回る、当時としては驚くべき金額だったことはまちがいない。

ではこれほどの費用の財源は、どこに求められたのか。前四五四年にデロス同盟金庫はアテネに移されたわけだから、同盟諸国からの貢租をそのまま流用したと考えられやすいが、ことはそう単純ではない。パルテノン建造の費用を直接支出している国家機関は、碑文の記述に従えば主としてアテナ女神の聖財金庫であり、これはデロス同盟金庫とは一応別の国庫である。当時は神殿の金庫が中央銀行の役割を果たしたのだ。ではそのアテナ女神の聖財金庫なるものには、どのようにして資金が積み立てられたのか。毎年の貢租からかならず「お初穂《アパルケ》」としてその六〇分の一がアテナ女神の聖財金庫に奉納されていたことは碑文からあきらかであり、そのほか直接間接に同盟支配から上がってくる収益がここに積み立てられたと考えるべきであろう。パルテノン神殿は、いずれにせよ「アテネ帝国」支配の果実が形を変えた姿なのである。

民主政と公共事業

ペリクレスが、これだけの巨費を投じてアクロポリスを再建した理由は何だろうか。彼の再建計画を一種の文化政策と見る考えもある。彼がたんに富国強兵を目指すだけの武張った将軍ではなく、哲学者や詩人、芸術家たちと深く交わり、彼らから多大な影響を受け、それを政治に反映させようとした精神性の高い政治家であったことはまちがいない。彫刻家フェイディアスも、そのような彼のブレインの一人であった。ペリクレスにとってアテネは「ギリシアが追うべき理想の顕現」であり、パルテ

公共建築事業の民主的手続き

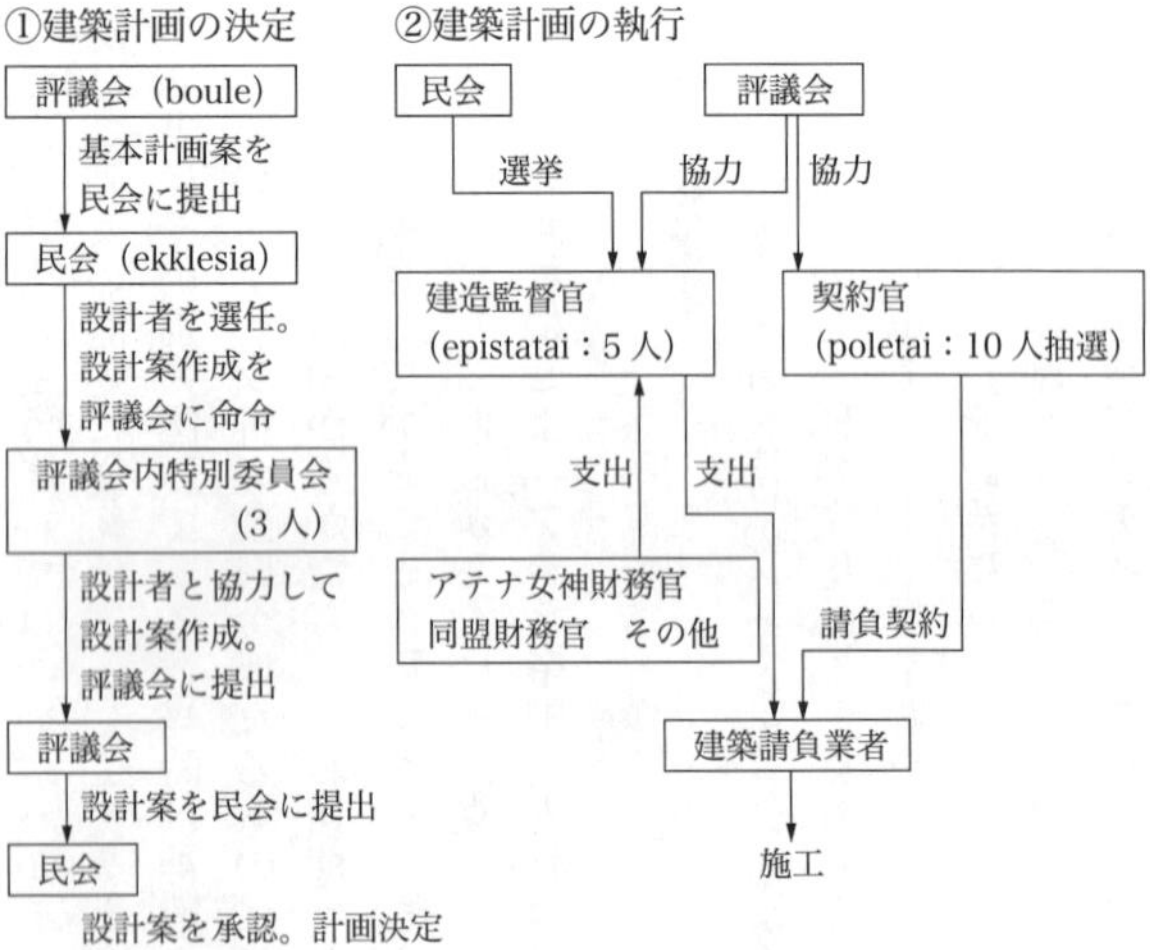

ノン神殿など輝かしいモニュメントの数々は、末代まで語り伝えられるべきその偉大さの文化的な表現であった。

　だが、同時に彼は現実的な政治家でもあった。より注目すべきは、この再建プロジェクトが市民の間に大量の雇用を生み出す公共事業であり、またペリクレス本人がこのことを十分意識していたことである。彼はこれを「ポリスはポリス自身によって養われる」と表現した。同盟国支配から上がってくる収益は、国庫に納められた以上まぎれもない公金である。それをこの公共事業に投入することにより、アテネの国富は市民団に——とくに下層市民たちに——再分配される。彼らは経済的に潤うとともに、ペリクレスとその民主政のシステムをいっそう支持するだろう。さらには、これによって完成したアクロポリスの永遠の美は、国威発揚のこのうえない手段となり、アテネの国際的威信はさらに高まる。ペリクレスはこのような一連の効果をたくみに計算に入れていたのである。

しかし、アクロポリス再建のアテネ民主政における意義はこれにとどまるものではない。ペリクレスにとっては、ただ公金をふんだんにばらまけばそれでいいというものではなかった。公共事業の運営をあくまで民主的に行ない、その収支報告を市民団の厳しい監督下に置き、公私の区別に厳密な、民主政にふさわしい公共事業の手続きを確立することに、彼の注意は向けられていたのである。

公共事業の民主的な運営方法は、すでにアクロポリス再建以前から確立されていたらしい。碑文などの証拠からその手続きを復元してみよう（詳細は右図参照）。まず民会の命令を受けて評議会が設計者（建築家）と協議のうえで設計立案を行ない、設計案を民会に提出して承認を受ける。つぎに民会は建造プロジェクトごとに建造監督官《エピスタタイ》を数人ずつ（たいてい五人）選挙し、事業全般の監督に従事させる。建設作業は請負業者が行なうが、彼らと請負契約を取り結ぶのは抽選で選ばれた契約官《ポレタイ》である。契約官も建造監督官も、ともに評議会と協力して仕事にあたる。

作業現場での監督指導と費用の収支の管理は、基本的に建造監督官の権限に委ねられている。彼らは一年任期で交替し、そのたびに会計報告を提出せねばならない。それは厳格な会計検査を受けたうえ、碑文に刻まれてアクロポリスで情報公開される。会計検査をだれが担当したかは、アクロポリス再建事業当時（前四四〇・三〇年代）についてはまだくわしくはわかっていないが、直接には会計検査官《ロギスタイ》という役人がこれにあたったと推測される。しかるのち、最終的にはおそらく彼らもしくは他の何らかの機関が民衆裁判所に会計報告を提出し、そこで会計上の不正——公金横領や収賄など——が裁かれたものと思われる。

パルテノン会計報告

ほかならぬパルテノン神殿建造の会計報告文書が、碑文となって現在に伝わっている（八七頁写真参照）。この長大な碑文は二十数個の断片からなり、いくつかのコラムに区切られている。破損箇所が多く数字など読み取れない部分も多いが、建造第一年目から一五年間にわたる各年度ごとの収支決算が克明に記されていてきわめて興味深い。たとえば、比較的数字がよく残っている第一四年（前四三四／三年）の会計報告はつぎのとおりである。

アンティクレスが書記を務めた建造監督官の会計報告。建造第一四年。……本年度の建造監督官の収入は以下のとおり。

・前年度からの繰り越し分　一、四七〇ドラクマ
ランプサコス貨　七四スタテール
キュジコス貨　二七スタテール六分の一

・ランプトライ区のクラテスが書記を務めたアテナ女神聖財財務官より　二五、〇〇〇ドラクマ

・売却した余剰の黄金の重量　九八ドラクマ
（銀貨に換算した）その代金　一、三七二ドラクマ

・売却した余剰の象牙の重量　三タラントン六〇ドラクマ
その代金　一、三〇五ドラクマ四オボロス

支出

・材料購入費　（…欠…＋）二〇二ドラクマ一オボロス

・労賃
・ペンテリコン山で採石作業に従事し石を台車に載せた者たちに　一、九二六ドラクマ二オボロス
・破風の彫刻家たちへの賃金　一六、三九二ドラクマ
・月ごとに支払う賃金　一、八一一（十…欠…）ドラクマ二オボロス
今年度繰り越し分　（…欠…）ドラクマ
ランプサコス貨　七四スタテール
キュジコス貨　二七スタテール六分の一
（『ギリシア碑文集成』一巻三版四四九）

「だれだれが書記を務めた○○官」という表現をするのは、一年任期で交替する役人の同僚団を書記の名前によって年ごとに区別するためである。通貨の基本単位ドラクマは銀貨での値を表す（重量単位としては一ドラクマ＝四・三六グラム）。オボロスはその補助単位で、六オボロスが一ドラクマ。ランプサコス貨・キュジコス貨とはエレクトロン（金と銀の合金）貨幣の種類で、単位はスタテールを用い、銀貨とは別に

パルテノン神殿会計報告碑文（断片）
金額を示す数字が見える

計算した。
　この史料からは、この年の新たな建造資金がアテナ女神の聖財金庫から支出されていること、石切り職人の単純労働と彫刻家の仕事とでは賃金の水準がちがうらしいこと、余った材料を売却して資金にしていることなど、さまざまなことを読み取ることができる。何よりこの史料の存在自体、役人がこのような会計報告を義務づけられ、なんらかの会計検査を受けたことの証拠となる。

プルタルコスの誤り

プルタルコスの『ペリクレス

伝』は、このような民主的にコントロールされた事業の運営と会計検査の手続きに一切言及せず、ペリクレスの意を受けた彫刻家フェイディアスがアクロポリス再建プロジェクトの総監督として事業全般を取りしきったと書いている。しかし、これは誤解である。

建造監督官をはじめとする大部分の役人は任期一年で、同一役職に複数の人物が就任する同僚団によって成り立っていた。一人の人物に長い期間権限が集中しないようにする巧妙な工夫である。現代の公共事業にあっては、官僚と業者の癒着に由来する汚職事件が跡を絶たないが、これなどは一人の役人が長期間同種の行政を担当するという官僚制特有の病理である。アテネ民主政は、このような事態をあらかじめいくえにも張った予防策で阻止していたのである。その民主政が、一五年にもわたって一人で強大な権力を振るう建造総監督のような役職の存在を許したとはとうてい考えられないのだ。

事実、再建事業にかかわる会計報告碑文に、総監督フェイディアスなる人物は一度も現れない。あくまで建造の主体は民会と評議会、そしてその指示を受けて働く建造監督官だったのである。今日の研究では、フェイディアスが女神像設計者以上の役目を公的に担っていたかどうか疑問視する意見が有力である。

プルタルコスはローマ帝政時代に生きた人だから、アテネ市民が民主政に適合的な公共事業の方法を模索していたことなど、想像すらできなかったのだ。彼の知っている公共事業とは、ローマ皇帝とそのおかかえ建築家との共同作業だったはずで、その関係をペリクレスとフェイディアスにあてはめて考えたらしい。プルタルコスの記述は、ゆえにまったくの時代錯誤なのである。

ついでながら、プルタルコスがとくに安定期に入ったペリクレスの政治を「貴族政ないしは王政のような」と形容しているのも偏見である。まして、それを事実上のペリクレスによる独裁政と見なすのはまったく事実に反する。「その名は民主主義と呼ばれたにせよ、実質は秀逸無二の一市民による支配」というトゥキュディデスのことばを曲解してはならない。ペリクレスはあくまで自分が築いた民主政の枠組みのなかで行動していた。将軍としての彼が公の政策決定の場でできたことは、つまるところ民会や評議会で提案を行なうことにすぎなかったのである。市民たちは制度上いつでもペリクレスを弾劾して公職を剝奪することができた。そしてのちに見るとおり、事実これを実行したのである。

計数の才

それはともかく、以上に見てきたような公共事業の民主的ルールの確立は、やはりペリクレスによる民主政システム整備の一環であったと考えざるをえない。彼はきわめて計数に明るい人物で、その時々の国庫の収支明細をつねに頭脳にインプットしていたらしい。のちにスパルタとの開戦を民会に提案した際、彼はアテネの年収と貯蔵金とを具体的な数字によって示し、これこれの軍資金があればかならず勝てると市民を説得している。

おもしろいことに、その計数の才能は彼個人の財産管理にもいかんなく発揮され、ペリクレス家の家計は彼自身が綿密に運営していたというのである。彼は先祖から受け継いだ農地を市外のコラルゴス区に所有していたが、そこから上がる全収穫物の売却から日用品の購入に至るまで、収支をむだのないようことこまかに監督し、有能な執事の助けも借りて堅実に家政を経営していた。そのこまかさは、あとで述べるように息子やその嫁に嫌われるほどだったという。そのペリクレスが国家財政の管理システムを緻密に整備したとしても、けっして不思議なことではあるまい。あの会計報告碑文のつぶさな記述と、どんぶり勘定をいやみなまでに許さぬ彼の家政術とは、おおいに通じあうものがある。

こうして、公金の運用を合理的・民主的に管理し、それを扱う公職者に公的責任を厳格に負わせ、不正があれば市民が摘発するという原則が、ペリクレスによって生みだされていったのである。かつてミルティアデスがパロス遠征に出かけるにあたり、民会から白紙委任状を取って軍資金や艦隊を思うがままに用いたことと思い比べてみよう。あれから五〇年ほどの間に、民主政の政策決定と行政の進め方は飛躍的に発達したわけである。

キモンとの対決

これまで述べたことは、公共事業だけにあてはまる話ではない。ペリクレスの政策全体は、彼が確立した「公」と「私」の関係をめぐる一つの原則に貫かれていた。

彼の生活態度を伝えるエピソードのうちで興味深いのは、彼が公私の区別にきわめて厳しく、あきらかに公生活を私生活に優先させ、自分の私的な横顔を公衆の目からできるだけ隠そうとしたことである。人々は、彼が市内では自宅と役所との間を往復する姿しか目にしなかった。彼は私的な饗応接待を受けることを極度に嫌い、政界で活動していた間はだれ一人からも宴会の招きに応じたことはなかった。唯一、ある親戚の男の結婚式には出席したことがあったが、それとてもこれから酒宴というときに席を立って帰ってしまったという。彼はトゥキュディデスから「きわめて清廉な人」と評価されており、金銭に対して驚くほど潔癖だった。これほど長期にわたって絶大な権勢を誇った政治家であったにもかかわらず、自分個人の財産は、父から遺産として残された額より一ドラクマも増やすことはなかったという。これは、当時将軍の職権を利用して蓄財する政治家がむしろ普通だったなかで、例外的な政治哲学であり、倫理であった。

彼がこのような、当時としてはまったく新しい政治家としてのスタイルをあえて選んだのはなぜか。それは、彼の政治生活の初期における最大の政敵、貴族派の首領キモンと意識的に対抗したからであった。ここで、話はキモンの全盛時代にまでさかのぼる。

キモンは、あらゆる意味でペリクレスと対照的な将軍であった。貴族でありながら大衆受けする人物で、市民・兵士の評判はすこぶるよかった。たび重なる遠征に成功し、おそらくはその戦勝がもたらした富によって、莫大な財産を築いた。ペリクレスの財力はとうていキモンに及ばない。重要なのは、キモンがこのようにしてたくわえた私財を、巧妙に政治の手段に用いたことである。

キモンはその財力を用いて、たくみに民衆の歓心を買った。彼は自分の所有する農園を開放し、市民はつねにそこで収穫物を口にすることができた。また貧しい市民たちは彼の邸宅でいつでも食事にありつけたし、また何ごとによらず困ったことがあれば面倒を見てもらえた。彼のかたわらにはいつでも「若衆《ネアニスコイ》」と呼ばれる取り巻き連中がはべっていて、彼らは市街で貧しい身なりの市民を見つけると自分たちの立派な着物と交換してやったり、貧民に金を握らせるなど、あざとい振る舞いまでしてみせた。彼はまた、アゴラに日陰を提供するためにプラタナスの並木を作ったり、その他公共の施設を彼の名による寄付で建設させたという。このような「うるわしい」行為により、彼は民衆の人気を得て連年将軍に選挙され、そして遠征に出かけてはさらなる蓄財をしたわけである。

有力者とそれに従属する人々との間に私的に形成されるこのような社会関係を、パトロネジと呼ぶ。いわば親分子分関係である。ローマでは共和政・帝政ともにこの社会関係が大きな役割を果たした。ギリシア人は一般的にこのような従属関係を嫌う。人に頭を下げるのを拒み、貧しくとも独立自営を選ぶのがポリス市民の生き方であったのだが、しかしときには例外的にこの親分子分関係がなんらかの政治的な役割を担うこともあった。古典期アテネでは、このキモンが唯一の典型例である。キモンの親分子分関係は、贈与というものを美徳と考える貴族政以来の伝統的な価値観に支えられていた。ペリクレスの政治目標は、このキモンとの対決によって明確になったのである。

たしかにキモンは民衆の信頼を得ている。しかし、このようなやり方が政治の世界に幅をきかせるということは、一人の親分とその取り巻きがやがてはポリス全体を牛耳ることにつながりかねない。それは、親分子分という私的な人間関係が、政治という公的な領域をじわじわと侵食してゆくことを意味する。市民全体が平等に参政権を分かちあい、全員参加でみずからを支配するという民主政の理想の実現にとって、この親分子分関係は有害であるばかりか、むしろアテネを貴族政の昔に引きもどしてしまうだろう。ペリクレスがキモンとの対決を強く意識したのは、このような考えに基づいてのことだった。

ペリクレスの公と私

彼はそこで、キモン個人の地位というよりも、親分子分関係そのものの存立を妨害する政治プログラムを考えた。それはひとくちに言って、公の領域と私の領域との境界を明確にすること、そして国家に流入する富を、ある政治家個人の名においてではなく、国家の名において永続的に市民団に分配することであった。

手はじめに実行したのが、さきにも触れた民衆裁判所の裁判員の日当の導入である。エフィアルテスの改革によって、民衆裁判所は一年任期で交替する六〇〇〇人の裁判員が組織する大がかりなものへと生まれ変わった。民主政がうまく回転してゆくためには、大勢の市民の参加を必要とするこの民衆裁判所がよく機能しなくてはならない。とくにデロス同盟諸国での重要事件の裁判をも担当するようになると、その仕事量は飛躍的に増大したはずだ。そのため裁判に参加する裁判員に一日二オボロスの日当を支払う。それによって司法への民衆参加が経済的にもある程度保障されると同時に、国家が国家の名において富を市民に再分配するシステムが動き出す。これがペリクレスのねらいであった。このプランを勧めたのは、彼のブレインの一人で音楽教師のダモンという人物であったが、このときダモンは「大衆には大衆自身のものを与えよ」と教えたという。「大衆自身のもの」とは、すなわち市民団の公有財産という意味である。

その後アテネでは、このような公的諸手当がつぎつぎに導入される。民会に出席するともらえる民会手当、祭典で上演される演劇を見る市民に支払われる観劇手当、評議会の評議員やある種の役人に支払われる日当など。ただし、公的諸手当のうち内政に関係するものでペリクレスが導入したのは裁判員手当だけだったらしい。だがその他の手当も彼のやり方に追従したものだから、最初に裁判員手当を案出したペリクレスの功績は大きい。

そればかりではない。軍船の漕ぎ手や遠征に出かける市民戦士への莫大な日当も、ペリクレス時代には支払われていた。さらに重要な富の再分配システムが、さきに述べた公共事業であることも忘れてはならないだろう。このようないくつもの回路によってペリクレスは、国富が個人の私的なポケットではなく、公の領域だけを経由して個々の市民の手にわたる新たな流れを確立した。これにより、とくに下層市民が有力者の庇護を求める必要が減り、親分子分関係のような私的な人間関係が政治から排除されたのである。

それとともに彼が意図したのは、公と私の境界をたがいに侵犯する行為に対して、司法的制裁を用意することであった。私的な金が公の領域に影響力を及ぼすこと、これが贈収賄である。その逆に、公金が私の領域にまぎれ込むのが公金横領である。ペリクレスの新しい倫理観に従えば、キモンが私財を派手にばらまくのも、ある意味では露骨な票買い、ないし贈賄行為だった。公職者がこの種の行為を犯していないか会計検査などによって厳しくチェックし、それらを一般市民が告発する公職者弾劾制度は、ペリクレス時代にいっそうの発展をとげた。くわしくは次章に譲るが、さきに言及した一種の会計検査システムは、前四三〇年までにいちじるしく発達した。公金（とくにデロス同盟貢租を財源とするもの）を扱う役人たちに会計報告の提出が義務づけられ、公金横領・収賄・公金取り扱い上の軽罪（欠損など）の三種の行為を摘発して民会や民衆裁判所に訴追する司法手続きが、ペリクレスの指導下に整備されたことは、ほぼまちがいないと思われる。

だからこそペリクレスは、神経質なまでに清廉な行動を実践してみせる必要があったのだ。市民たちは、ペリクレスによる民主政のシステムが彼個人の生き方に強く裏打ちされたものであるのを見て、その姿勢にこのうえなく深い信頼を寄せた。彼の長期政権の秘密はここにあったのである。

ポリスの異質な世界

ただし注意しなくてはいけないのは、ポリス社会の公と私が、今日われわれの住む世界のそれとはかなり異質なものだったことである。たとえば殺人事件の捜査とその訴追とは、近代国家にあっては完全に司法当局に委ねられる公の事柄である。だが古代アテネでは、基本的に殺人犯と被害者遺族との間で解決すべき「私事」であった。殺人は私法上の訴訟によって――財産の帰属をめぐる民事的な係争などと同列に――

扱われたのである。逆に今日であればまったく私的な領域に属するであろう、家の相続をめぐる係争には国家が介入し、公法上の訴訟（今日の刑事訴訟にほぼ該当する）の対象となる場合があった。ポリスにおける公と私との境界線は、われわれが考えるものとはいささかことなる軌跡を描いていたのである。また一般にポリス市民にとっては、公の仕事に従事することこそ男の花道であり、そこで名を上げることは無上の名誉であったのに対し、自分の家のこと、すなわち日常的な私の領域だけに沈潜することはむしろ恥ずべきこととされた。ペリクレスみずからがその範を垂れたわけだ。

とはいえ、「公」と「私」、ギリシア語でデーモシアとイディアと呼ばれる対立概念は、やはり当時の人々の意識のなかに強く刻みこまれていた。デーモシアとは「民衆《デーモス》のもの」、つまり市民団全体にかかわることがらを意味する。このことは、われわれ日本人にとって「公」とはすなわち「官」であり、したがってむしろ「民」に対立する概念であることと、いちじるしい対照をなすだろう。

3　ペリクレスの苦悩

父子の対立

そのペリクレスにも、じつは私生活上の深刻な悩みがあった。夫婦と親子の問題である。

ペリクレスは生涯に二度の結婚生活を経験している。最初の妻は親戚にあたる女性で、彼女からは二人の男子クサンティッポスとパラロスを得たが、夫婦の仲はうまくゆかず、両者合意のうえで前四五五年ごろ離婚した。ペリクレス四〇歳ごろのことである。

その後しばらくして、彼はある女性と恋に落ちた。彼女の名はアスパシア。小アジアはミレトス生まれの在留外人である。彼女の社会的地位については議論があるが、ヘタイラと呼ばれた高級遊女であったことはまちがいない。才色兼備の彼女はペリクレスのよき相談相手となり、また彼も彼女を心から愛した。二人は内縁関係に入る。このスキャンダルは世論の攻撃の的となり、アスパシアは大物政治家をたらしこんだ外国人の淫婦として非難された。だが、ペリクレスの愛は本物だったようだ。自宅と役所の往復以外に道を知らぬ謹厳な彼も、毎日家を出るときと帰宅したときには、彼女に挨拶のキスをするのを忘れなかったという。アスパシアはやがて一人の男子を生んだ。彼にとっては三人目の息子である。

だが女性との関係以上に彼を悩ませたのは、先妻の生んだ二人の嫡子であった。ペリクレスの正統な跡取りとなるべきこの息子たちを、彼は幼時から熱心に教育した。しかし馬術・音楽・体育など貴族的な英才教育を施したにもかかわらず、彼らは凡庸であった。しかも、幼いころに両親の離婚を経験したことが心に暗い影を投げたのだろうか、彼らはまもなくぐれ始め、悪い仲間とつきあうようになる。偉大な父親をもった子によくある悲劇的なパターンを、彼らもたどりはじめる。

とくにペリクレスを苦しめたのは、長男クサンティッポスのことであった。祖父の名をつけられて家の期待を一身に担っていたはずの彼は、しかし日頃の行状がかんばしくなかった。彼は金づかいがあらく、若くてぜいたく好きな妻をもらってからはいっそう浪費に拍車がかかった。ところがこの時代、家父長が存命中に家督を譲る例はまれで、クサンティッポスら息子たちは成人し結婚してからも部屋住みの身分であり、父の家計に寄生せざるをえなかった。当時は長子相続ではなく均分相続が原則だったから、長男も次男も基本的に事情は同じである。ペリクレスは権勢を利用して私腹を肥やすことを一切せず、また家計の出納にたいへん厳格であったから、成人した息子たちやその妻は、父の財布の紐のかたさにすこぶる不満だった。彼らは、父の清廉な生き方がどれだけ深くその政治生命と結びついているか理解できなかったし、理解しようともしなかった。彼らには、それがたんなるケチにしか思われなかったのである。

クサンティッポスは、わずかの生活費しかくれぬ父を逆恨みした。そしてあるとき、父の名をかたってこっそり友人に借金を申し込んだ。当然返すあてなどない。友人はペリクレスに返済を迫る。ペリクレスは返済を断る。とうとう両者のもめごとは、訴訟合戦にまでもつれこんでしまった。

父のこのやり口に、クサンティッポスは腹を立てた。そしてあちこちで父を悪しざまに罵り、その私生活の様子を暴きたて、市民の信頼する政治家ペリクレスが、家では日常いかにくだらぬソフィスト的空論談義にふけっていることかと言いふらしてまわった。そのうえあろうことか、父が自分の妻に手を出したと公言して非難した、と伝える史料もある。できるかぎり公の場にしか姿を見せず、私生活を公生活のかげに隠そうと努めてきたペリクレスにとって、家の内情についてあることないこと言いちらして歩く息子の行為は、耐えがたいものだったにちがいない。この長男は、とうとう死ぬまで父と和解しなかった。公の場でこそ「神々の父ゼウス」の顔を見せながらも、ペリクレスは自分の家のなかで家父長の権威を貫くことができなかったのである。

このような父子の争いは、じつはペリクレス家だけの問題ではなかったらしい。ほぼ同時代のアリストファネスの喜劇『雲』には、ペリクレス家をそっくり映したかのような家庭内の父子対立が描かれている。W・G・フォレストは、このような当時の現象を「世代間断絶《ジェネレーション・ギャップ》」と呼び、民主政の進展にともなってアテネに生じた社会問題として取り上げようとした（一九七五年）。世代間断絶がどれほど現実問題として深刻であったかは議論が分かれるところだろうが、家督相続のあり方に由来する親子対立の火種は、どの家庭にもあったと推測される。

疫　病

ペリクレスの不幸は、その最晩年のころに決定的となる。

前四三一年、アテネとスパルタはそれぞれの同盟諸国を巻き込んで大戦争に突入する。ペロポネソス戦争である。デロス同盟支配によって膨張を続けようとするアテネと、それを阻止しようとするスパルタとの、ギリシア世界の覇権をかけての戦いである。

開戦を決意するにあたってペリクレスは、アテネ市外に拡がる田園地帯を放棄する戦略を立てる。たとえ田園地帯を敵に蹂躙《じゅうりん》されても、アテネには圧倒的な強さを誇る海軍があり、さらに市域とペイライエウス港とを結ぶ道路が長大な城壁（長城壁）で

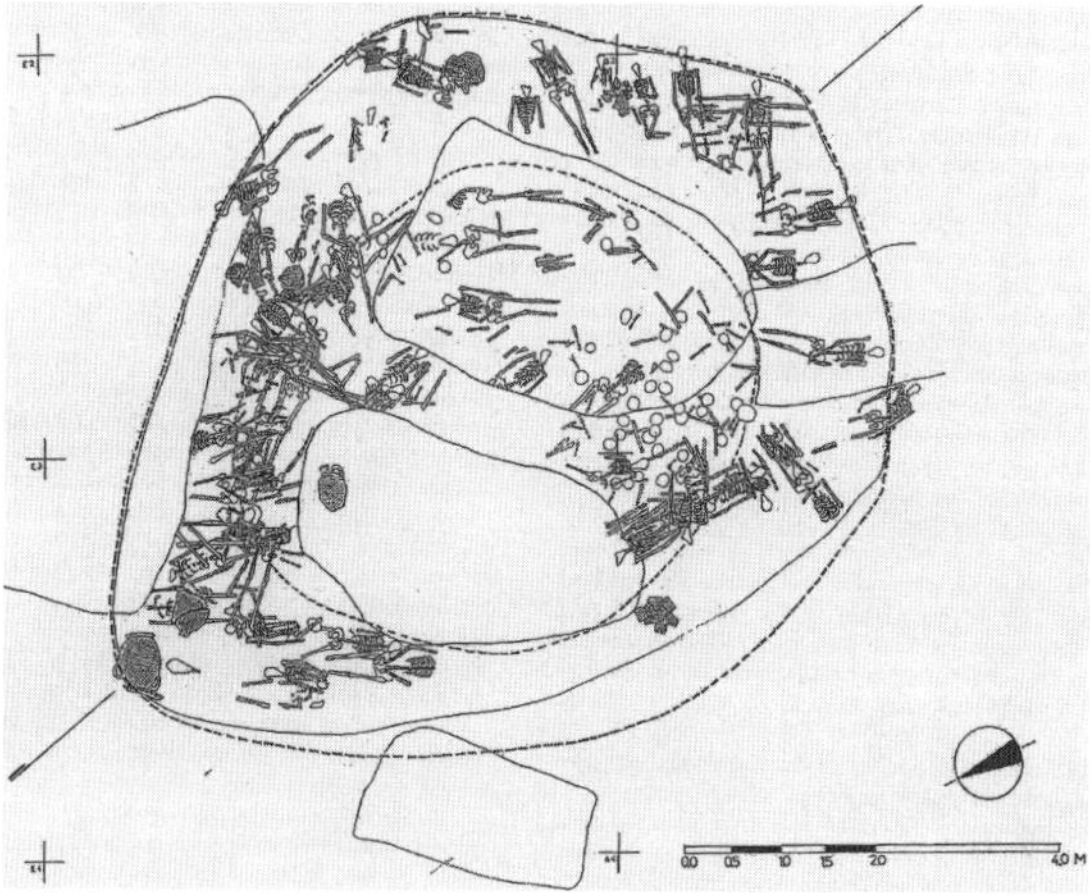

疫病による死者の集団埋葬跡。ケラメイコス区域から 1994 年に発掘された。遺体が乱雑に投げ込まれた様子がわかる

守られている以上、デロス同盟支配圏から海路アテネに物資・資金を運ぶ輸送路は確保される。海上ルートを支配すれば、敵はやがて交通路を断たれて音を上げるだろう。そのうえ、アクロポリス再建にあれだけの巨費を投じながらも、なお国庫には潤沢な資金がうなっていた。ペリクレスはこれら諸条件を冷静に計算したうえで、かならず勝機が訪れると判断し戦争に踏み切ったのである。

開戦当初、戦局はほぼ彼の思わくどおり展開していった。ところが戦争第二年目の春、思いもよらぬ災禍がアテネを襲う。疫病が発生したのだ。それは最初ペイライエウス港に上陸し、ついで市域に伝染するに至ってすさまじい勢いを見せはじめた。すでに開戦まえから田園地帯の住民たちは、ペリクレスの戦略に従って、全員家財道具もろとも城壁の内側の狭い市街地に移住していた。多くの人間が密集して衛生状態もよくないところに、伝染病はあつらえむきの温床を見いだす。たちまち彼らの間には感染者が激増した。

この伝染病は、激烈な全身症状と死亡率の高さが特徴だった。歴史家トゥキュディデスもこれに感染し、からくも命びろいしてその病状を克明に記録している（『戦史』二巻四九章）。彼は医聖ヒポクラテスが開いたコス学派の医術を修めていたらしく、その記述は詳細で専門的だ。それによると、病は突然の頭部の発熱から始まり、のどの出血・胸部の痛み・激しい咳へと推移する。胃は「医師がその名を知る限りの、ありとあらゆる胆汁嘔吐」を繰り返す。皮膚にはこまかい腫物ができ、患者は高熱にうなされ、激しい渇きに悶え苦しみながら発病後一週間ほどで死ぬ。かりにこれらの症状を脱したとしても腸が猛烈な潰瘍を起こし、ひどい下痢と消耗ののちに衰弱死するのがつねであった。かろうじて死を免れても重い後遺症が残り、脳神経が侵されて記憶を喪失する者もいた。感染力は強烈で、看病する者や医師に簡単にうつるため、家族にも見放された病人たちが救いを求めて泉や神殿に集まり、そこに死体の山を築いたという。

この伝染病の正体は、今日までさまざまに議論されてきた。古くは腺ペスト説、天然痘説から始まって、しょうこう熱、はしか、発疹チフス、腸チフス、麦角《ばっかく》中毒症、ツラレミア、インフルエンザとブドウ球菌感染の合併症、複数の病気の同時発生など、一九世紀以来諸説に枚挙のいとまがない。すでに病原菌の絶滅してしまった知られざる伝染病、という説さえある。だが一九九四年に、ケラメイコス区域からこの疫病による死者と思われる多数の遺体の集団埋葬跡が発見され（一〇三頁図参照）、その人骨から採取されたＤＮＡを分析した結果、腸チフスの可能性が高いという説が現在有力となっている。いずれにせよ、医学史に残る猛烈な疫病であった。それはその後も二年にわたって猛威を振るい、アテネ市民を酸鼻のきわみに突き落とすことになる。

ゼウスが告発された

市民の三人に一人は死んだというこの疫病が、戦時下の社会に与えた影響は深刻だった。アテネの戦力が激減したことは言うまでもないが、それ以上に致命的だったのは、極限状況に追いやられた市民たちの価値規範が狂い始めたことである。彼らは心理的な抑制力を失い、刹那的な情動に左右されやすくなってしまった。彼らのささくれだった感情は、この不幸をもたらした原因を探し求め、ついにその矛先を戦争指導者であるペリクレスその人に向けたのである。

田園地帯にあった資産を放棄させられたうえに、移住したさきの市内で疫病に襲われ、かつてない困窮と悲惨を経験した市民たちは、いまさらながらペリクレスの戦略方針に怨嗟の声を上げた。「貧者も富豪もひとしく平和が潰え戦時下にあることを、何にもまさる苦痛に思った」(『戦史』二巻六五章二節)。ペリクレス自身、あれほど大切に管理していた郊外の農地をみずからの戦略のため放棄していたのだが、そのことなどもはや彼らの念頭から消えうせていた。これまで息をひそめていた政敵が、いまこそとペリクレスを攻撃する。ついに彼は民会で将軍職を解任され、裁判にかけられることになった。前四三〇年夏から冬にかけてのことである。

その正式な告発理由は、彼が会計上の不正を犯したというものであった。前述のとおり、公職者の会計検査システムがペリクレス自身の指導のもとで発展をとげたとすれば、これはなんとも皮肉な事態としか言いようがない。告発はまず民会にもたらされ、そこでペリクレスを裁判にかけるべしとする決議が可決される。決議は、ペリクレスが民会に会計報告を提出すること、そして公金横領・収賄・公金取り扱い上の軽罪のいずれかを犯したものとして、裁判員一五〇〇人の民衆裁判所で審判を受けるべきことを命じていた。この手続きは、ミルティアデスを裁いたのと同じ弾劾裁判の発達した形態である。

ここに言う会計上の不正なるものが、具体的にペリクレスのどういう行為を指すのかはよくわからない。例によって学説はいろいろな解釈を提供するが、いずれも推測の域を出ない。パルテノン神殿のアテナ女神像制作にかかわる公金横領事件と関連していると考える研究者もいるが、詳細は不明である。もちろん、ぬれぎぬということも考えられる。

政敵は以前から彼の失脚をねらっており、すでにこれ以前に彼を取り巻くブレインたちをつぎつぎに告発していた。哲学者アナクサゴラス、彫刻家フェイディアスそして内妻アスパシアといっためんめんである。ペリクレスの反対勢力がどういう考えをもつ人々だったかについて、研究者はさまざまな意見を述べているが、ここでは触れない。とにかく彼らによる一連の攻撃が、最後に本丸であるペリクレス自身をとらえ、彼から戦争指導権を奪おうとしたのである。

彼は民衆裁判所で死刑を求刑されたらしいが、判決は重い罰金刑であった。一五タラントンとも五〇タラントンとも伝えられる。「ゼウス」とまで呼ばれた彼が、みずから整備した公職者弾劾制度によって、市民たちのまえに引き出された。民衆は、ここでも指導者に容赦なく裁きの槌を振り上げた。彼らはこの裁判をとおして、国家の主人がペリクレスではなく自分たちであることを、ミルティアデスの場合以上に鮮明に意思表示して見せたのだ。アテネ市民団は、けっしてペリクレスの従順な臣民ではなかった。彼が育てた民主政のシステムは、その本人に牙をむいたのである。

悲嘆と死

疫病がもたらした結果は、この裁判だけではない。彼は親類や友人など政治上の協力者たちを、この伝染病であいついで喪っていった。アテネの政治家は伝統的に、姻族もふくめた親戚縁者を中心に政治集団を形成して政策を立案し、民会への提案などもこれら縁者たちを使って行なわせることが多かった。ペリクレスもその例にもれない。アルクメオン家とかフィライオス家とかいうのも、そういった古くからの政治集団である。すでに彼のブレインたちの多くは、さきの告発で国外に逃亡したり、陶片追放されたりしていた。罪を免れたのはアスパシアだけだったという。そのうえ一族の協力者たちに死なれることは、政治的に窮地に立たされたペリクレスにとって手足を奪われるも同然だったのである。

不幸は、彼個人の家族にも襲いかかった。家督を継ぐべき二人の嫡子が、前後して疫病に倒れたのである。まず長男クサンティッポスが、三〇歳ほどの若さで死ぬ。いかに不肖の息子とはいえ、不和を解消せぬまま死なれたことは、ペリクレスにとってつらいことだった。さらに、嫡子のうちただ一人残った次男パラロスをも喪ったときは、さすがのペリクレスも悲しみを隠すことはできなかった。そのときの様子を、プルタルコスはこう描く。

ペリクレスは死んだパラロスのうえに身をかがめながら、自分らしさを失わず精神の気高さを守りとおそうと努めていた。しかし遺体のうえに花冠をのせるときになって、死顔の表情を見つめているうちに感情をこらえきれなくなり、わっと泣きだして涙をとめどなくあふれさせた。このような姿を見せるのは、あとにもさきにも彼の人生に二度となかった。

（『ペリクレス伝』三六章九節）

跡継ぎを二人とも喪ったペリクレスは、ついで予想もしなかった苦しい立場に立たされる。彼の血を引く男子は、もはや内妻アスパシアに生ませた子しかいない。だがさきに述べたように、ほかならぬペリクレスが提案した前四五一年の市民権法の定めでは、外国人の母親から生まれた子供は、正規の婚姻による嫡子とは認められない。ゆえにその子はアテネ市民権を与えられず、むろん家督相続も許されないのだ。これではペリクレス家を継ぐ者がいなくなってしまう。ポリス市民にとって、家が断絶することは何にもまして不幸なことだった。

だが何とか最悪の事態だけは避けられた。市民たちはやがてペリクレス以外に国家を指導する人物がいないことを悟ると、彼に公職にもどるよう要請し、まもなく将軍職に再選する。そののち彼は民会に懇願し、彼の場合に限って、残されたその男子に市民権を認めてくれるよう哀訴した。市民たちは同情し、一〇歳になったばかりのこの子の入籍を認めた。男の子は、父の名をそのまま取ってペリクレスといった。

再選されたとはいえ、もはや六五歳の老人ペリクレスに余力は残っていなかった。前四二九年の秋、彼もやはり疫病にかかり、公的には栄光に満ちた、しかし私生活では苦悩の重なった人生を閉じた。「公」を優先するペリクレスによって日陰の領域に押し込まれた「私」の問題は、ここぞとばかり晩年の彼に復讐したのである。それは、公と私の間に引き裂かれるポリス市民の姿の悲しい象徴でもあった。

ふたたび新たな時代へ

前五世紀のペリクレスにいたるまでの時代、アテネ民主政は軍事指導者であると同時に政策立案者でもある将軍によってつねにリードされてきた。だから彼らを弾劾する裁判も、その政策の是非をめぐる議論がほとんどの場合その背景にあった。ミルティアデスは自分の戦争政策の失敗の責任を問われて弾劾され、ペリクレスは表向きの訴因は別としても、やはりその戦略方法を責められて裁判にかけられた。キモンの場合も基本的には同様の流れのなかに位置づけることができよう。ミルティアデスから始まったこの潮流は、ペリクレスの死をもって一つの曲がり角を迎える。こののち、政治と軍事の双方に優れた指導力を発揮する貴族的かつ英雄的な将軍は、もはやほとんど現れなくなる。アテネ民主政は、ふたたび新たな段階を迎えるのである。

その後のアテネがたどった道筋については、またのちほど物語るとしよう。次章ではいったん時系列から目を離し、アテネ民主政がどのようなしくみで動いていたのかを見ることにする。

第三章　参加と責任のシステム

1　民主政の舞台を訪ねて

アレオパゴス

パルテノン神殿をあとにして、古代民主政のドラマが繰り広げられた遺跡の数々を訪ねてみよう。

アクロポリスの入場口を出てすぐ北側に見えるのは、やや赤みを帯びた大きな岩塊である。アレオパゴスの丘だ。エフィアルテスの改革まで貴族の長老会として権勢を振るったアレオパゴス評議会は、ここで開かれていた。

岩に刻まれたすべりやすい石段を登ると、すぐ頂上部に出る。わずかに西に傾斜したそのスペースは、おそらく数十人も集まれば一杯になるほどの狭さだ。実際に会議が開かれたのはこの頂上部ではなく、その北東麓のテラス状の土地であるとする学説も有力であるが、どちらにせよけっして広い空間とは言いがたい。なるほど少数者が支配する貴族政の牙城にふさわしい場所である。

はるかのちに聖パウロが訪れて福音を説いたというこの丘は、現在むしろキリスト教徒の聖地として有名で、巡礼者たちの姿が絶えない。一七世紀にはアイヨス・ジオニシオス・アレオパギティス教会が丘のすぐ下に建てられたが、いまは廃寺となっている。ましてアレオパゴス評議会の遺構らしきものはほとんど残っていない。

アレオパゴスの丘

丘のうえからはアゴラ跡をすぐ北側に見下ろすことができる。アレオパゴスの丘が貴族政のシンボルならば、アゴラは民主政の中枢であった。アレオパゴス評議会はアゴラに集う民衆を眼下に威圧的に見すえる位置にあったわけで、このごつごつした岩塊は人々に伝統的支配の権威をいやおうなく見せつけていたのだろう。エフィアルテスの改革はこの権威に挑戦し、それを無力化することに成功したのである。

プニュクスの丘へ

アテネの政治の中心は、ミケーネ時代の王宮があっ

プニュクスの丘。民会議場全景

たというアクロポリスの丘から、アレオパゴス、そしてアゴラへと、丘の頂から麓に向かって移動したことになる。ついで民主政はもう一つの舞台を、市域西方の小高い場所に見いだした。それが本書の冒頭にも書いたプニュクスの丘の民会議場である（上写真）。

プニュクスの丘は、アレオパゴスの丘からさほど遠くない距離に望むことができる。つぎは民主政のシンボルであるこの民会の遺跡を見に行くことにしよう。アクロポリス入場口を出てアレオパゴスとは反対方向に降りて行くと、広い自動車道路に出る。それを渡った向こう側の、静かなオリーブ林が目指すプニュクスの丘だ。

民会議場は、岩盤を刻んで作られた露天の集会場である。演壇を要《かなめ》の位置において聴衆席が扇形に拡がっており、その面積は五五五〇平方メートルほど、収容人員一万三八〇〇人と見積もられている。この広さと、さきほど見たアレオパゴス頂上部の狭苦しさとの差異は、そのまま民主政と貴族政との参政権の範囲の差を象徴する。

演壇は階段状に石灰岩の岩盤を切って作ったもので、階段中ほどの露台のようなスペースが発言者の立った場所だ。そのうしろの四角い岩の用途はよくわかっていない。演壇の背後には切り立った岩壁が左右に延びている。議長団はそのうえに設けられた石段か、あるいは演壇の周囲に並べた木のベンチに腰をかけていたらしい。入り口は一ヵ所だけ、演壇の反対側すなわち聴衆席の背後に作られた階段がそれである。

民会議場の遺跡は、一九三〇年から三七年にかけてアメリカ古典学会が大規模に発掘調査し、その全貌をあきらかにした。その成果によると、民会議場がここプニュクスの丘にはじめて建設されたのは前四六〇年ごろ、すなわちエフィアルテスの改革直後のことだったらしい。それまで民会はアゴラで開かれていたが、同改革によって民会の役割が拡大したのにともない、より広くて静かな環境を求めてプニュクスの丘に移されたのだ。

その後民会議場は、前四〇〇年ごろと前三四〇年ごろの二度にわたって改修された。したがってプニュクス第Ⅰ期（前四六〇—前四〇〇年ごろ）、第Ⅱ期（前四〇〇—前三四〇年ごろ）、そして第Ⅲ期（前三四〇年以降）に時代区分される。現在の遺跡はこの第Ⅲ期のものだ。

アテネの民会については、デンマークの研究者M・H・ハンセンがきわめて精力的に研究を行ない、ようやくその姿が詳細に解明されつつある。ここでは主として彼の研究（一九八七年）を参照して叙述を進めてみよう。

民会

民会《エクレシア》はアテネ民主政の最高議決機関である。市民はだれでもこの集会に参加し発言する権利をもち、一人一票の投票権を行使した。在留外人・奴隷・女性には参政権がないが、他方市民権をもつ成年男子であれば、土地所有の有無、財産の多少にかかわらず、民会への出席・発言および投票の権利を平等に与えられていた。

市民の家に生まれた男子は満一八歳で市民として登録されたが、遅くとも前四世紀に入ってからは見習い市民として二〇歳になるまで軍事訓練を受けねばならず、その間は民会には出席できなかった。前五世紀でも、一人前に民会で発言するにはやはり二〇歳を超えていなくてはならなかったらしい。その他、たとえ市民身分であってもなんらかの刑罰として公民権を停止されている者、たとえば国家への負債を返済していない者などにも出席は許されなかった。

民会には定足数規定のようなものがあったのだろうか。前四世紀においては、特別に厳正を要する案件の決議には六〇〇〇人の定足数が必要とされ、しかもその採決は

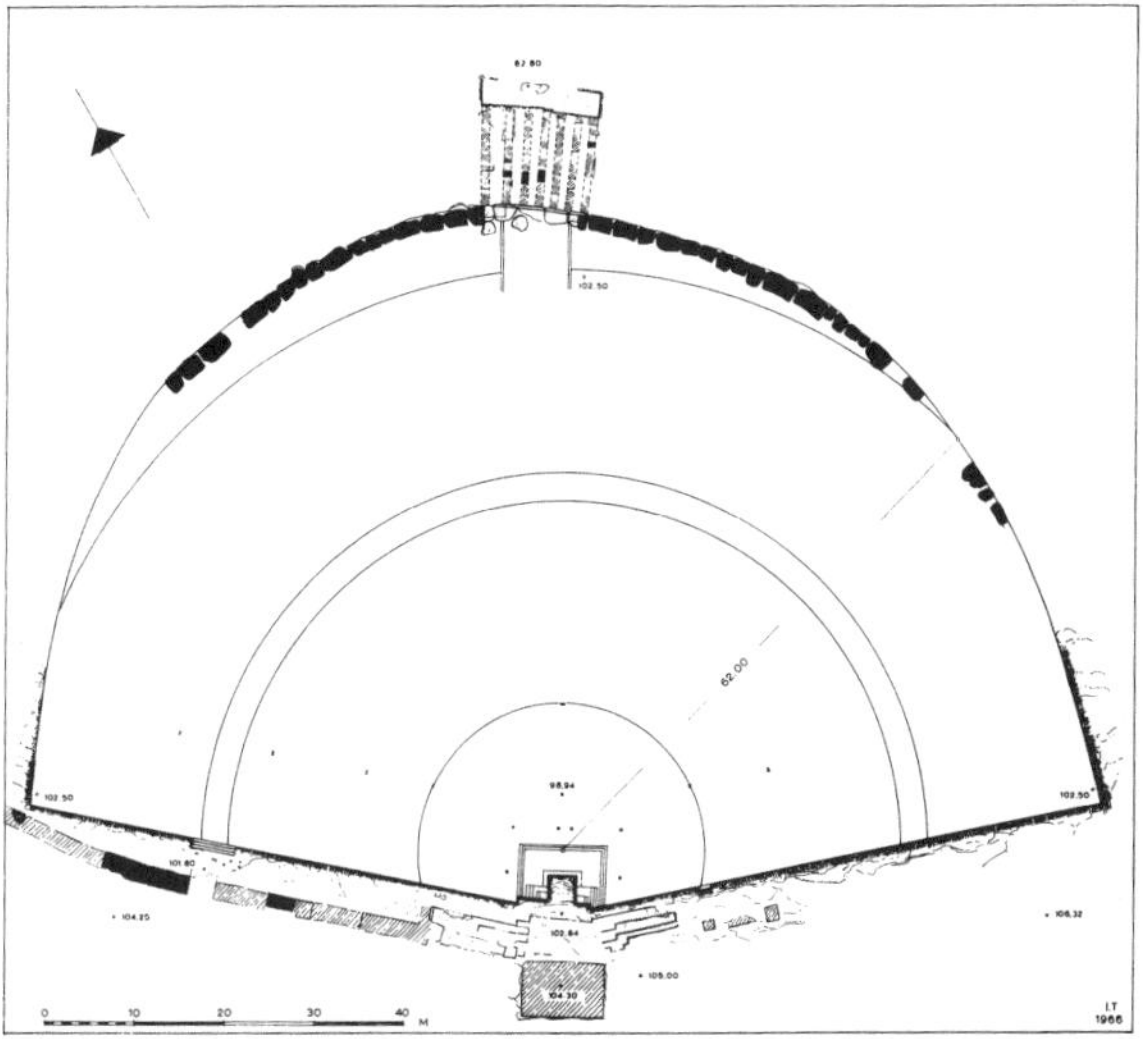

民会議場平面図（第Ⅲ期）。J・トラヴロス（1971）による

挙手ではなく無記名秘密投票によって行なわれたことが確認されている。市民権を外国人に授与する決議とか、特定の個人を対象とした立法などの場合がそれである。前五世紀についてもある程度同様のことが推測される。事実、プニュクス第Ｉ期の民会議場の収容人員は、その面積からほぼ六〇〇〇人と推定されているから、重要な決議にはやはりこの程度の人数の参加が必要と見なされていたらしい。

　民会はどれくらいの頻度で開会されていたのだろうか。前四世紀の末に書かれた伝アリストテレス『アテナイ人の国制』は、同時代の民会運営について貴重な情報を提供するが、それによれば民会は月に四度開かれたという。アテネでは一般に普通の陰暦が採用されていたが、公的な行事に限っては、陰暦の一年（三五四日）を一〇等分しそれぞれをひと月と数える特殊な暦に従って運営されていた。これを評議会暦という。よってひと月は三五ないし三六日。その間に四回開かれるという民会は、つまり一年に四〇回開かれたことになる。辺地から遠い道のりを徒歩で通ってくる市民たちもいたことを考えれば、けっして少ない回数とは言えない。

月四回の民会のうち一回は主要民会《キュリア・エクレシア》と呼ばれ、とくに重要な案件、たとえば国土の防衛や穀物の供給、国事犯の弾劾裁判の発議などが扱われる。また年に一度はこの主要民会で陶片追放の発議が受けつけられる。それ以外の民会についても、かならず話しあうべき議題が法によりいくつか定められていた。

民会の権限は幅広いが、もっとも重要な審議事項は、軍事行動の決定も含む外交問題である。他国に対する宣戦布告、和平・同盟条約の締結、外交使節の派遣、兵士の動員、艦隊の派遣、戦時の財政などがそのおもな内容であった。市民の日常的な関心は、つねにこれらの問題に向けられていたのである。ついで重要なのが、国家に対して功績のあった人物に与える顕彰決議および外国人への市民権授与決議。たとえばアテネが食糧危機に陥ったときに穀物供給に格段の努力を払った人物などにはこの顕彰決議を行ない、黄金の栄冠を与えるとともにその決議を碑文に刻んで永くその名誉をたたえた。相手が外国人の場合には、ときに市民権授与をもってこれに報いたのである。ローマとちがって市民団の閉鎖性が極端に強いギリシアのポリスでは、よほどの功績がない限り外国人への市民権授与は認められず、それも民会での厳密な投票によって決められたのである。

その他、すでにミルティアデスやペリクレスの裁判の場合に見たとおり、国事犯の弾劾裁判の手続きにおいても民会は重要な役割を果たし、ときにみずから判決を下すなど、司法の領域においても重要な権限を保持していた。もとより、国の基本法の制定・改正も民会の重要な仕事であったことは、言うまでもない。主たる諸制度の創設・改変もそれに含まれる。また将軍や財務官などの選挙も年に一度、この民会で行なう。

意外なのは、通常の国家財政や経済・教育をめぐる政策には、民会がほとんどタッチしなかったことだ。財政は評議会にほぼ委ねられていた。ただし大規模な公共事業は、民会の決定をへなければならなかった。市民の経済活動や教育にも、民会はあまり関心を払わない。近代市民が経済人《ホモ・エコノミクス》であるとされるのに対し、政治にたずさわることを本務としたポリス市民の真面目《しんめんもく》がここに見いだされるだろう。

さて数千人が集まる民会において、めいめいの市民がその場で勝手に議題を提案したのでは、議事が混乱して何も決められぬであろうことは自明である。このような事態を予防するために、あらかじめ評議会が先議して議題として上程したことでなければ、民会は決議を行なうことはできないという原則が確立されていた。これを先議の原則《プロブレウシス》という。評議会は、これこれの問題について議論してほしいという議題の提起だけを民会に行なう場合もあれば、このような案ではどうかという決議案を積極的に動議する場合もあった。いずれにせよ、最終的な決定は民会に委ねられている。

民会は評議会提案をそのまま裁可する場合もあったが、それを修正するか、あるいは完全にはねつけて独自の民会提案を可決することもあった。現存の民会決議碑文を網羅的に分析したP・J・ローズの研究（一九七二年）によれば、評議会提案主導の決議と、民会提案主導の決議との数を比べた場合、ほぼ半数ずつだという。ということは、けっして民会は評議会提案をうのみにするだけの消極的な集会ではなく、実質上の最高決定機関として主体的に機能していたということになるのである。同じ民会でも、つねに元老院の風下に置かれていたローマの民会とは、この点で決定的にことなる。

評議会から回されてきた議題を上程するのは、議長団の役割である。評議会は各部族五〇人ずつ、計五〇〇人の評議員から成り立つ。この部族ごと計一〇のグループのそれぞれが、ひと月交替で当番評議員《プリュタネイス》を務める。前五世紀にはこの当番評議員が、同時に民会や評議会の議長団を兼ねた。しかし前四世紀には、おそらく議長団の買収を防止するためだろう、当番評議員以外の九部族の評議員から一人ずつ選ばれた九人の者（プロヘドロイ）が、その日一日だけ民会・評議会の議長団を務めた。

哲学者のソクラテスも、生涯にただ一度だけ当番評議員に選ばれ、民会の議長を務めた経験がある。彼はとりたてて政治的野心のある市民とは言えなかったし、周知のとおり経済的には貧しい庶民の一人にすぎなかったのだが、くじ運と本人の意志によってはこのようにごく普通の市民でも民会議長のような大役を拝命することもあったのだ。彼の議長としての働きぶりは、のちに見ることにしよう。

民会の一日

さて民会が開かれる一日は、どのように始まったのだろうか。

民会を招集するのは当番評議員の役目である。彼らは開会の四日まえ、アゴラにある掲示板に民会の開会と議題とを公告する。市民たちはそれを見て、あらかじめ議事となる問題について討論を交わすことができたのである。非常事態が発生したときには、緊急に民会が招集されることもある。当番評議員はあらゆる手段を用いて、一晩のうちにアッティカ全土に呼集をかけたことだろう。

開会前日になると、アゴラからプニュクスの丘に至るまでの区域で、すべての露店が撤去される。アゴラはたくさんの屋台が並ぶマーケットで、ここから聞こえてくる商人の呼び声に誘われてつい市民たちは足を止めてしまい、なかなか民会に人が集まらなかったために考え出された手段である。民会議場の周囲はゲラと呼ばれる一種のついたてでぐるりと囲まれ、入場口以外から民会参加資格のない者がこっそり忍び込むのを防止した。

いよいよ開会当日。民会は日の出とともに始まる。人々はまだ暗いうちからプニュクスの丘に集まってくる。遠方からの参加者は泊まりがけになったことだろう。

当局は、民会に多くの市民を参加させるため、あれこれ知恵をしぼったらしい。露店を撤去させるという方法もその一つだが、もっとも効果があったと思われる方法は、民会に参加するともらえる民会手当の導入である。前四〇三／二年直後に導入された民会手当は、当初一オボロスというわずかな額だったが、やがて二オボロス、三オボロスと引き上げられ、アリストテレスの時代（前四世紀後半）には通常の民会で一ドラクマ、主要民会で一ドラクマ半が支給された。これによって参加者の数はかなり増加したらしい。

それでも市民のなかには、アゴラでおしゃべりをしながら、いつまでもぐずぐずと民会に上って行かぬ連中も多かったらしい。民会手当が導入される以前の時代であればなおさらだった。アゴラからプニュクスの丘までの登り坂はけっこう高低差があり、実際に歩いてみればわかるが、なかなかしんどいものだ。だから市民たちは、ついいつまでもアゴラで油を売ってしまうのである。

そのような人々を民会に強制的に集めるため当局が編み出した方法というのが、なにやらこっけいなのだ。すなわち、二人の弓兵が長い一本のロープのはじをそれぞれもち、横に張られたそのロープで、あたかも家畜の群れを追うごとく人々を民会議場まで追い立てたのである。ロープには赤い泥が塗ってあり、着物にこの泥がついた市民は罰金を払わねばならなかったという。「連中はアゴラでぺちゃくちゃおしゃべりしながら、赤い泥を塗ったロープをよけようと、坂を上ったり下りたりして逃げ回っているありさまだ」（アリストファネス『アカルナイの人々』二一―二二行）という喜劇のせりふは、民会の朝のアゴラでの大騒ぎの様子を物語る。ただし、民会手当が導入されて人々が民会議場に押しかけるようになると、この赤い泥つきのロープはむしろ入場制限のために用いられたらしい。

さて市民たちは議場に入ると、思い思いの場所に席を占める。入場口には係員がいて、民会参加資格のない者が入場しないか目を光らせている。公民権のない者が民会に入り、発言したりすると告発の対象となり、罰金刑か死刑に処せられるのである。座席はとくに定まったものではなく、前五世紀には地面に直接（おそらくクッションのようなものを持参したのだろう）、前四世紀には木のベンチに腰をかけて、民衆は開会を待った。

おもしろいのは、市民たちが議場に食べ物や飲み物をもち込んでいたことである。「めいめいが革袋のなかに、ワインといっしょに食べようと、乾いた一個のパン、玉ねぎ二つ、オリーブの実を三粒もって（民会に）やって来た」（アリストファネス『女の議会』三〇六―三〇八行）と同時代の喜劇は伝える。会議は早朝から始まり、たいてい正午までに終わったが、それでもとくに夏場、ギリシアの灼熱の太陽の下、さえぎるもののない露天で半日を過ごすには、軽食や水分の補給が欠かせなかったのだろう。演壇で議論が白熱している一方で、議場のあちこちでは弁当を広げる姿が見られたわけである。

そうこうするうち議長団が着席する。そのほか、すべての関係文書を読み上げる民会の書記、議事録をつける評議会の書記、議長の指示で議場の警備にあたる三〇〇人の弓兵が所定の部署につく。

ちなみにこの弓兵《トクソタイ》は、今日で言えば警察官にもっとも近い存在であるが、興味深いのは、少なくとも前五世紀後半にあっては彼らがみな国有奴隷であったということである。したがって、警察に独立した権力が発生することは不可能であった。近代国家とことなり、民主政アテネの警察権力はごく微弱なものであった。警察ではなく一般市民自身による治安維持に、信頼が寄せられていたのである。弓兵は主として弓技に秀でたスキタイ人奴隷からなるもので、民会だけではなく、裁判所や祭典においても警備の任務にあたった。

議場でもっとも目立つ役目が伝令である。民会の伝令は声の大きい人物を民会が選挙して選ぶ。彼は議長の指示に従って開会・閉会を宣言し、議題を一つ一つ読み上げ、議場から発言を要請し、また静粛を求める。肉声に頼るしかなかったこの時代、拡声器の役割を果たしたのがこの伝令だった。

役職者のめんめんが着席すると、開会に先立って一種の宗教儀礼が行なわれる。浄《きよ》めの儀式である。まず係の者によって若い豚が殺され、その血が議場の周囲にまかれる。血が散布された内部の空間は聖別されたものと考えられ、伝令は「まえのほうに進んで下さい、お浄めされた地面のなかに入るように」と聴衆に要請する。ついで伝令は、祈りと呪いを読み上げる。民会の議事が神慮に従って、アテネとその市民の最善のために行なわれますように。民主政に反逆を企てる者、賄賂を取って発言を行なう者などには、神々から永劫の罰が下りますように。そうでない者には多くの祝福が与えられますように、という祈りである。しかるのちに犠牲獣が捧げられる。

科学的・合理的思考を得意としたと言われるギリシア人だが、現実にはじつに信心深い人々であったことも確かだ。彼らは、民会の議事とは神聖なる行為であり、つねに神々が見守るなかで行なわれるものであると信じていた。政教分離という発想は存在しない。事実、祭祀や祭典などの神事も、民会の重要な議題であった。

歓呼と野次

これらの準備が終わったのちに、ようやく議事が始まる。議事進行の原則はじつに単純明瞭であった。まず伝令が議題を読み上げる。場合によってはこれに評議会提案がともなうばあいもある。それらについて議場からの発言が求められる。発言・提案はどの市民にも許される。アリストファネスの喜劇は、この様子をつぎのように描く。

（発言者）もうだれか発言したのかな。
（伝令、大きな声で）だれか発言したい人はいませんか？
（発言者）私だあ！
（伝令）だれですか？

民会議場跡の演壇

（発言者）アンフィテオスだよ。
（『アカルナイの人々』四五―四六行）

ここから議論が始まる。議論といっても、原則的には同じ議題について何人もの発言者（動議提案者）が、いれかわりたちかわり演壇に上がって自分の意見を述べるにすぎない。いわば「モノローグの連続」である。発言者どうしが差し向かいで討論するということはない。演説時間や発言者数に制限はなかったが、動議提案者は提案をあらかじめ書面で議長に提出しなければならなかった。いくつもの提案が動議されたあとで、民衆はどの提案を最善と思うかについて多数決で採決を行なう。可決された提案は民会決議として成立する。これが基本的な手続きであった。

かといって、フロアがいつもしんと静まりかえっていたわけではない。聴衆の間では私語というやり方でつねに意見交換が可能であったし、また彼らは歓呼と野次によって発言者にはっきりと意思表示を行なった。演説は、喝采の声や抗議の怒号、ときには嘲笑によって、しばしば中断した。賛否双方の声が同時にわき上がることもあったし、また、いわば「サクラ」によってあらかじめしくまれた歓呼や野次もあった。政治家はつねにいく人かの同志と政治グループを組んで行動したから、彼らは自分たちのリーダーが登壇すると歓声を上げ、敵対する政治家には口汚く野次を飛ばしたのである。ときには、聴衆から発言者に対してコメントや質問が発せられ、両者の間に短い対話が成立することもあった。原則は別として、実際の議場は白熱したエネルギーに満ちあふれたものだったようである。

にもかかわらず、出席者が興奮するあまり「乱闘民会」になったという例が、一度も史料に現れないのは注目すべきことだ。どれほど民衆が激昂しても、暴力に訴えることだけは、けっしてしなかったようだ。ちなみに民会では武器の携帯も許されていない。民会とはあくまで言論を闘わせる場であることを市民はよく意識していたし、

「神々が民会を見守っておられる」という宗教的抑制も作用したのだろう。のみならず、議場の秩序維持にはつぎに述べるような格別の努力が払われていたようである。

ソクラテスの弟子とされるクセノフォンが、あるエピソードを語っている。哲学者プラトンにグラウコンという兄弟がいた。彼はまだ二〇歳にもならぬのに、国家の指導者になろうと熱望して、民会で発言しようと何度も試みては、演壇から引きずり下ろされて嘲笑の的となっていた。だが、親族友人のだれ一人として彼の愚行をやめさせることができなかった、という話である。民会で発言するにはまだ一人前の年齢とは見なされなかったり、あるいはあまりにくだらない演説をしたりする者は、伝令の指示によって、このように演壇のわきに控えている警備の弓兵に引き下ろされたのである。そうでもしないと、議場は聴衆から上がる「降りろ！　降りろ！」の罵声で収拾がつかなくなるからだ。

演説が中断するのは、歓呼や野次によってだけではない。さきほど触れたギリシア人の敬虔さと関係するが、会議中に雨が降りだすと、民衆はあわてて民会を解散した。雨や雷は神々の父ゼウスのはからいによるものとされたから、天候の急変は神の警告ないし怒りと解釈されたのである。喜劇にも民会出席者のこういうせりふがある。「そらきた、ゼウスのお告げだぞ。雨粒が落ちてきやがった」（アリストファネス

『アカルナイの人々』一七〇―一七一行)。また現実にも、地震によって民会が延期されたという例がある。

採　決

議論が出つくしたところで採決に入る。特別な場合は投票具を用いて、前述のとおり無記名秘密投票が行なわれたが、通常の採決は挙手による。単純に挙手数のもっとも多かった提案が可決されるのである。問題は、挙手の多少をどのように判断したのか、そもそも挙手票を厳密に計数したのかということである。ハンセンによれば、一回の民会では二五回以上も採決が行なわれたと思われ、数千人もの挙手をそれだけの回数、厳密に数えていたら、採決だけで六時間以上もかかる計算になり、したがって挙手の正確な計数は事実上不可能であるという。

ではどのように採決は行なわれたか。ハンセンの推理はきわめてユニークだ。彼はアテネの民会にもっともよく類似するものとして、スイスのカントン(州)で一三世紀以来現在まで続けられている全体集会、ランズゲマインデに注目する。彼自身実際に何度かランズゲマインデを見学し、そこでのやり方からアテネの民会での採決方法を類推するのである。結論として彼は、スイスで通常行なわれているのと同様、アテネでも挙手は厳密には計数されず、議長団がざっと見渡した概算で多数を判定したと考える。この方法ならば一回の採決に一分ほどしかかからないそうだ。事実、民会決議についてはいかなる史料も多数決の具体的な得票数を伝えていないから、この推理には説得力がある。

採決された民会決議のあるものは碑文に刻まれ、アクロポリスなど公の場に公示される。現存するもので顕彰決議碑文の数がやたらと多いのは、この種の決議が碑文に残されることが多かったからである。

考古学の成果により、現在おびただしい数の民会決議碑文が発見・調査され、碑文学者の手によってテキストを復元されて、そのほとんどは公刊史料として手に取ることができる。民会決議とは、前五世紀なかばの碑文を例にとれば、つぎのようなスタイルである。

神々よ。評議会と民会は以下のとおり決議した。オイネイス部族が当番評議員を務め、スプディアスが書記を務め、……（欠）……オンが議長を務めた。クレイニアスがつぎのように動議した。

評議会、同盟諸国に駐在するアテネの役人および巡回監督官は、同盟貢租が毎年徴収されてアテネに発送されるよう手配すべし。同盟諸国には証明用印章を作り、貢租を納める者たちが不正を行なわないようにせよ。同盟国はみずからが納める貢租の目録を記録板に書き記したうえで、その印章によって封印し、アテネに発送すべし。貢租を納めにアテネに来た者たちは、貢租を納めるときにはそのつど評議会にてその記録板を差し出し、読み上げてもらうこと。

当番評議員はディオニュシア祭直後に民会を招集し、そこで同盟財務官は、同盟諸国のうちで貢租を完済したものと滞納しているものとを、別々にもれなくアテネ市民に公告すべし。アテネ市民は四名の者を選出して同盟諸国に派遣し、納められた貢租については領収書を発行し、まだ納められていない貢租については滞納している諸国に請求せよ。（中略）

もしアテネ市民であれ同盟市民であれ、同盟諸国が貢租運上者のために記録板に書き記してアテネへ発送させねばならぬ貢租について、不正を行なった者があれば、アテネ市民および同盟市民のうち希望する者は、不正行為者を当番評議員のもとに公訴をもって告発しうるべきこと。当番評議員は提起された公訴を評議会に提出すべし。もしそれを怠った場合は収賄の罪により各々一万ドラクマの罰金に処せらるべし。評議会が被告に有罪の評決を下しても、評議会には被告に刑を科す権限はなく、ただちにこれを民衆裁判所に送るべし。その際当番評議員は被告に罪ありと判断した場合、何であれ適当と思われる刑罰について原案を作成すべきこと。（後略）

（『ギリシア碑文集成』一巻三版三四）

これは前四四七年（もしくは前四二五／四年）に同盟貢租取り立てをより厳しくするよう命じた民会決議で、貢租運上についての不正行為はアテネの民衆裁判所で裁かれることなどをこまかく指示している。アテネの帝国主義的支配を鮮明に印象づける内容の決議だ。前五世紀の民会決議には、このようにデロス同盟支配にかかわるものがひときわ多い。

さて、議事はおおむね午前中で終わる。例外的に日暮れまで行なわれる場合もあったが、暗くなると挙手が判定しづらくなるため、議長の判断で中断、延期される。閉会は伝令が宣言し、市民たちは民会手当を受け取ると、それぞれ家路をたどりその日の残りの時間を労働にあてたか、あるいは政論の続きをしにアゴラに下りて行ったことだろう。民会の一日は、こうして暮れてゆく。

民会への参加程度

ところで、このような民会に市民たちが実際どの程度熱心に出席したのかという問題については、これを疑わしいとして消極的な評価をする研究者が従来から多かった。全員参加とはあくまで「たてまえ」であって、直接民主政の理想と現実との間には深い溝が横たわっていた、というのがその趣旨である。

その際よくもち出されるのが、地理的な条件である。アテネは他のポリスに比べて例外的に国土が広く、人口も多い。日本でいえば神奈川県全体を上回る領域に、最盛期でおよそ四万〜五万人の成年男子市民が住んでいた。市域の民会議場から四〇キロメートルも離れた集落もある。徒歩ならまる一日の行程だ。その広い地域から市民がまんべんなく年に四〇回も民会に集まれただろうか、という疑問がしばしば提起されるのである。

しかしながらハンセンは、これにつぎのように反論する。たしかに辺地の市民が毎回民会に出席することは困難である。しかし前五世紀から前四世紀へと時代が下るにつれて、アテネ市民は本籍区を離れて市域に移住する傾向があり、実際にはかなりの割合の市民が市街地ないしその近辺に居住していたと見るべきで、ゆえに彼らにとって民会出席は容易であったはずである。乗り物に慣れてしまった現代人には到底無理なことであっても、一九世紀以前の人間はたとえば週に六日、一六キロメートルほどの道を徒歩で毎日往復して仕事に通うことなどあたりまえであった。ましてや政治参加こそ生きがいだった古代のポリス市民にとって、数時間の道のりを往復して民会に通うことは、さほど苦痛ではなかっただろう、という。それに、辺地に住んでいる農民だからといって、市域のできごとに無縁ではいられない。食糧が自給できぬアテネでは、農民もワインやオリーブを穀物に換えるため頻繁にアゴラに足を運んでいたから、民会への出席も容易であったはずだ。要するに、これまで考えられてきた以上に、アテネ市民の民会出席率は高かったと推定されるのである。

評議会

さて民会が昼ごろに終わると、午後はアゴラで評議会が開かれる。われわれも市民たちといっしょに、坂道を下ってアゴラに足を向けてみよう。

アゴラは、民主政の舞台装置の回転軸と言ってもよい空間で、評議会・民衆裁判所・各種役人の詰め所などの公共建築物が集中し、同時にマーケットとしても機能していた。一九三一年以降アメリカ古典学会が行なった組織的な発掘調査によって、それまで住宅地の下に埋もれていたアゴラの遺跡は日の目を見ることとなった。一見瓦礫だらけに見えるこの広場は、そのゆえかアクロポリスほどには観光客を集めていないようであるが、その発掘は民主政史研究上このうえなく重要な発見をいくつももたらした。ソクラテスが毒杯をあおって死んだ監獄の跡もこの近辺に見つかった。

ソクラテスといえば、アゴラの遺跡を歩くと、さまざまな場所で彼の姿に出会う。広場の西側、ヘファイストス神殿が建つ丘のふもとの評議会議場《ブレウテリオン》の跡もその一つだ。彼が評議員を務めた前四〇六／五年には、質素な服を身にまとったはげ頭のソクラテスを、人々はこの近辺で何度も見かけたことであろう。

評議会議場は新旧二つの建物があり、東西に相接して並んでいた。どちらも一辺が二〇メートル前後の方形で、テニスコート二面ほどの広さだ。残念ながらいまはわずかに礎石しか残っていない。

評議会《ブーレー》はクレイステネスの改革で創設された機関で、さきに見たとおり民会への議案先議・議題提出を担当するのみならず、行政の最高機関として強大かつ広範な権限を握った。財政業務全般を監督し、国家の収入と支出を一元管理し、軍船の建造や管理、公共建築の監督・監査をも担当した。アクロポリス再建事業でも、評議会が大きな権限を振るったことは前章に見たとおりである。行政権のみならず、評議会は主として金銭を扱う役人の不正行為に対して、一定の罰金を科す裁判権までも保持していた。民会が年四〇回開かれたのに対して、評議会は祭日と凶兆のあった日をのぞけば毎日開かれていたから、実質的な政府当局と呼べるだろう。

　評議員は、三〇歳以上の市民から各部族につき五〇人ずつ抽選によって選ばれる。任期は一年で、二期以上連続して就任はできない。ただし、生涯に二度までは評議員になることが可能であった。抽選に際しては、一種の比例代表制が採用されている。市民たちは（現住地がどこであるかにかかわらず）それぞれ先祖伝来の本籍区《デーモス》に所属しているが、各区はその人口の大きさに比例して評議員の議席数を割りあてられたのである。単独で一〇人以上も評議員を出す大きな区もあれば、いくつか集まってようやく一人を出す小さな区もあった。ただし、近代的な意味での代議制という理念によって評議会が運営されていたかどうかは疑問である。

　なお、民主政期アテネの部族《フュレー》とは、その名に反していわゆる部族制とは無縁の組織である。クレイステネスの改革の際に、アッティカ全土は海岸地域・市域・内陸地域の三つに分かたれ、それぞれの地域がさらに一〇等分された。このように分割された小さな単位をトリッテュスと呼ぶ。そのトリッテュスを三地域からそれぞれ一つずつ選び出し、その三つを組みあわせたものを一つの部族とした。擬制的血縁原理によるそれまでの四部族制にかわって、合計一〇の新しい部族が、このようにじつに人為的な原理によってでき上がったのである。だから各部族は血縁集団でないのはもとより、三つの別々の地域の人々が組みあわされたものだから、厳密な意味では地縁集団とも言えぬ、抽象的な原理で作られた結社体であった。部族は評議員や役人の選出母体であったが、このような理由で、特定の地域や血族の利益代表集団にはなりえなかったのである。

では評議会がすべての社会階層から公平に構成されていたかというと、そうでもないらしい。民会への出席とちがって、一年間ほぼ毎日評議会に通うための時間的・経済的余裕に恵まれていたのは、やはりある程度富裕な人々に限られていたのだ。今日名前のわかっている評議員たちが、どのような出自の人々であったかを調べたローズの研究によれば、そのかなりの割合を富裕者が占めているという。

評議員ソクラテス

ソクラテスが貧乏学者であったことはよく知られている。美麗な身なりの評議員が多いなかで、彼のみすぼらしい姿は評議会議場でひときわ目を引いたにちがいない。しかし、彼の生家の所得等級はけっして最下級ではない。一般にアテネ市民の所得等級は、ソロンの改革以来、上から五百石級、騎士級、重装歩兵級、労務者級の四等級に分かれており、それぞれに応じて就任できる役職が限られ、軍務の種類もおのずとことなっていた。労務者級は民会に出席できるが役人や評議員には選ばれないのが（空文だが）原則だった。ソクラテスは何度か歩兵として出征したことがあるが、重装歩兵の武具を自弁できるのは重装歩兵級以上の市民に限られる。だから、彼の家計の実状は別にして、家の格は重装歩兵級以上に登録されていたと考えられ、当然評議員に選ばれる資格も有していたのだ。

トロス跡

さて評議会議場の南に接して、きれいな円形の基壇が残っている。トロス（円形堂）という建物の跡で、前述の当番評議員たちが常駐していた場所である。彼らのうち三分の一は自分たちが当番にあたっている一ヵ月あまりの間、つねにここに詰めていなくてはいけない。そのなかからは一人の当番評議員筆頭が選ばれ、神殿・国庫の鍵、国家の印章を保管する。彼らは評議会や民会の議題の準備をし、民会・評議会を招集し、外国の使節の応対や緊急事態の通報の受けつけなどを担当した。評議会という中央政府の、さらに中枢機関として働いた重要な常置委員会である。それだけに市民たちは彼らに強大な権限が集中するのを恐れ、これを一ヵ月おきに交替させたし、当番評議員筆頭の任期に至っては、たった一昼夜だけであった。ソクラテスも当然当番期間中はここに詰めたことがあっただろうし、その間に民会が開かれれば議長団の一員としてプニュクスの丘にも上って行ったのである。

民衆裁判所

そのソクラテスを裁いたのが、民衆裁判所《ヘリアイア》である。さきに述べたように民会や評議会もときには一定の裁判権を行使するし、殺人などの事件はアレオパゴス評議会が扱っていた。しかしもっとも重要な司法機関といえば、大多数の訴訟の最終審を担当したこの民衆裁判所である。

アゴラには裁判所の遺構と思われるものがいくつか発見されているが、残念ながらソクラテス裁判の法廷であると確証をもって言えるのがどこなのか、さだかではない。アゴラの南西隅からは、矩形周壁と呼ばれる、石壁で囲まれた屋根のない四角形の構造物が発掘されており、一五〇〇人以上を収容できる規模や位置関係から、これが一般には民衆裁判所跡として紹介される。前六世紀前半の建築らしいという。これ

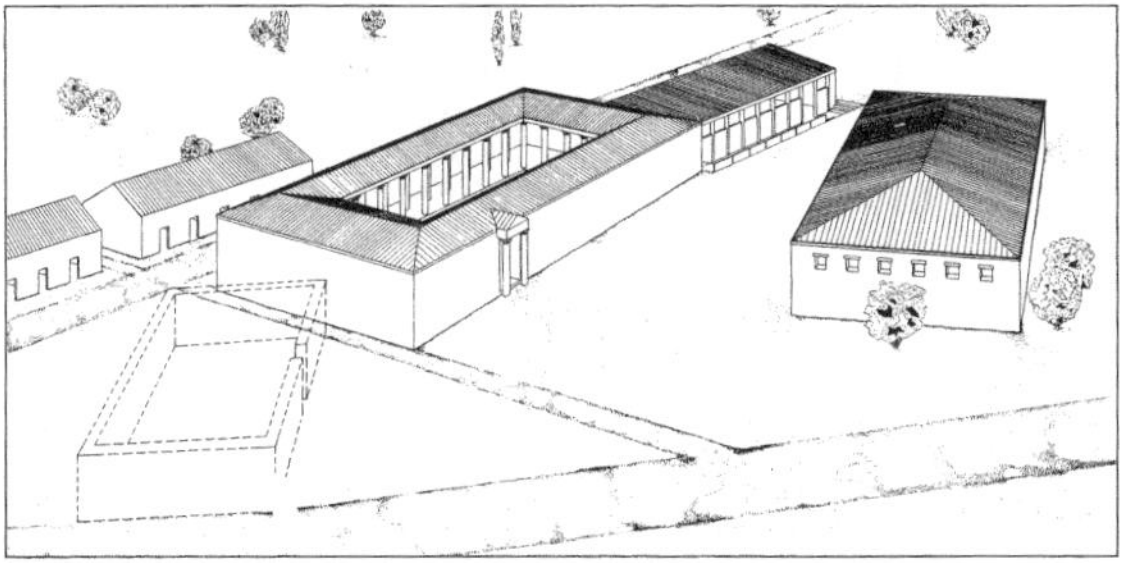

民衆裁判所復元図（前325年ごろ）

とは別に、アゴラの北東部からも、前四世紀なかばに建てられた計四棟からなる法廷複合施設と思われる遺跡が見つかっている。アリストテレスの時代には、この施設が民衆裁判所として機能していたらしい（図参照）。

アテネの訴訟は、公法上の訴訟と私法上の訴訟の二種類に区分される。前者は国家共同の利害が問題になる事件を、後者は訴訟当事者の私的な利害が問題になる事件を、それぞれ扱う。たいへん大ざっぱに言えば、ほぼ今日の刑事訴訟と民事訴訟に該当すると思えばよい。ただし、たとえば前述のように殺人事件は私法上の訴訟で裁かれるなど、現代とのずれも無視できない。公法上の訴訟においては、その意志のある市民であればだれでもが、市民団の利益を損なう犯罪行為を告発し、かつ法廷で訴追する権利を有していた。これがいわゆる民衆訴追主義である。たとえば政府高官の不正行為を、一般市民が訴訟をもって弾劾する機会は、いくえにも保障されていたのだ。

法廷では、告発を行なった市民がみずから法廷に立って検事の役割を果たした。検察官にあたる司法官僚は原則として存在しない。同様に、被告の弁護人は原則としてその友人縁者に限られていた。金銭を目的に今日の弁護士のような仕事を行なうことは、一種の収賄行為と見なされ、少なくとも法的には禁じられていた。ただし、告発側にせよ弁護側にせよ、当事者が法廷弁論の代作をその専門職に依頼することも普通に行なわれていた。

裁く側においても、徹底したアマチュアリズムが貫かれていた。原則として裁く側も、ごく普通の一般市民から成り立っていた。

裁判の手続き

民衆裁判所での裁判は、どのような手続きに従ったのだろうか。

公私の訴訟はまず事件の性質によって定まっている各種の担当役人のもとに提起される。たとえばソクラテスが前三九九年に告発されたときの罪状は、不敬神の罪であったが、この種の訴訟は九人のアルコンの一人であるバシレウスという役人が訴状を受けつける。役人はこれを予審して民衆裁判所に回付し、同時にみずからが法廷での審理を主宰する。主宰といっても審理の司会進行にすぎない。当事者・証人の呼び入れ、関係法文の読み上げその他の法廷雑務を指示するだけで、役人みずからは一切裁判権を行使しない。実際に審理を行ない有罪・無罪の評決を下すのは、裁判員《ディカスタイ》に限られた。

裁判員は、前五世紀においては一般市民から抽選で選ばれて定員六〇〇〇人、任期は一年であったが、前四世紀に入ると市民はだれでも希望すれば終身の裁判員になれた。六〇〇〇人全員が一つの訴訟を審判するという例はめったにない。公法上の訴訟は裁判員五〇一人、私法上のそれは二〇一人が一つの単位として小法廷を組織し、各法廷が別々に事件の審理にあたった。国家の存立にかかわるような重大事件であれば、複数の法廷を組みあわせて合同法廷を組織し、より大人数で審理する。たとえば公法上の訴訟では、一〇〇〇人、一五〇〇人、二五〇〇人の裁判員が審理にあたった実例がある。

裁判員が入廷すると、担当の役人の司会進行によって原告・被告双方が呼び入れられ、それぞれの弁論が始まる。弁論の時間は訴訟の性質によって規定されており、水時計《クレプシュドラ》によって計測される。

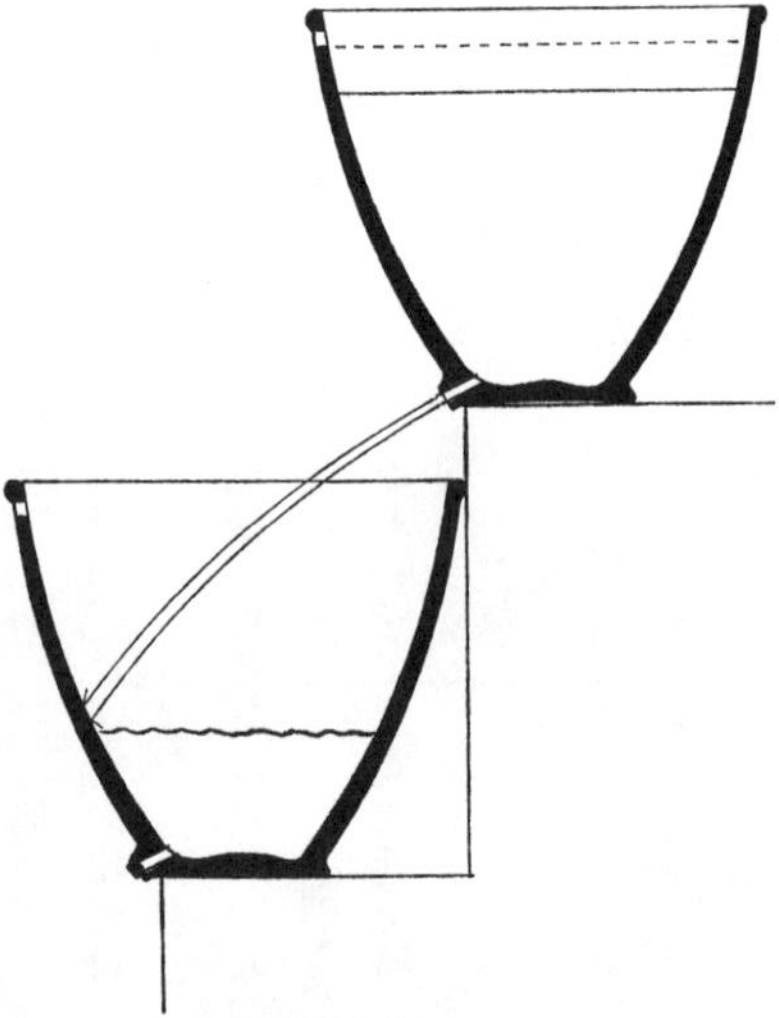

法廷用水時計。断面図

この水時計の実物が、一九三三年、アゴラ南西部の古代の井戸のなかから発見された。前五世紀末のものと考えられている。原理は一種の漏刻である。平底広口のバケツのような変哲もない素焼きの陶器であるが、底に青銅製の流水口がついており、そこから一定量の水を流すことで時間を計測するというしかけである。興味深いのは、径九ミリほどの小さい穴が上縁部にあいており、水を満たすときに余分な水がそこから流れ出て、水量がつねに厳密に一定に調整されるようになっていることである。原告・被告双方のもち時間に少しでも不公平がないようにするための配慮である。「平等」の精神は、民主政を支える大事な原則の一つだったのだ。試みに複製を作って実験してみたところ、二クス（約六・四リットル）の水を入れて約六分かかったという。ちなみに私法上の訴訟では、もっとも重大な係争事件の場合で、第一弁論に一〇クス、第二弁論に三クスが各当事者に許されたというから、それぞれ三〇分と九分という計算になる。ソクラテス裁判は公法上の訴訟であったから、弁論時間はもっと長かったはずだ。

双方の弁論が終わったあとで、裁判員は投票具を用いた無記名秘密投票で判決を下す。票が同数の場合は被告無罪となる。有罪の評決後に刑を定める必要がある場合には、原告・被告双方が申し出る量刑のうち、いずれかをやはり投票で選ぶのである。

法廷で用いられた青銅製投票具。軸が中空のものは有罪、つまったものは無罪を表す

ソクラテスが自分の受けるべき報いとして、刑罰ではなく国家による食事の供与を申し出て裁判員の憤激を買ったのは、このときのことだ。ただし彼はそう言ったあと、よせばいいのに「いっしょに法廷に来ているプラトンら弟子たちが懇願するので」とわざわざ断ったうえで、いかにも気乗りがしないといったふうに前言を撤回して罰金刑を申し出たのである（プラトン『ソクラテスの弁明』三六B—三八B）。だが、これはむしろ火に油を注ぐ結果となった。

この当時、被告が情状酌量を嘆願するため、被告席に自分の幼い子供を連れてきて泣かせてみせるという、やぶれかぶれな泣き落とし戦術もよく用いられたらしい。そのようにして裁判員の情けにすがるどころか、頑として自分の非を認めぬソクラテスに、裁判員は神経を逆なでされたのだろう。

裁判員たちのプロフィル

民衆裁判所に集まる裁判員たちは、どのような人々だったのだろうか。

その手がかりとなる重要な遺物が、裁判員の身分を表す青銅製の名札《ピナキオン》である。彼らはこれを携帯して民衆裁判所に行き、入場証として示し、また法廷編成の際の抽選に用いたのである。現在、断片もあわせて百数十個が見つかっている。長さ一一センチ、幅二センチほどの名札には、裁判員の名前と本籍区、裁判員証印、フクロウをかたどった国章などが刻まれている。

この名札に刻まれた人名を一つ一つたんねんに身元調査してゆけば、裁判員たちの出身階層がわかるはずだ。J・H・クロールという研究者がこの問題に取り組んだ(一九七二年)。その結果わかったのは、名札に記された裁判員のじつに三分の二ほどが下層市民であり、残りがある程度以上の財産と地位をもった中・上流市民であった

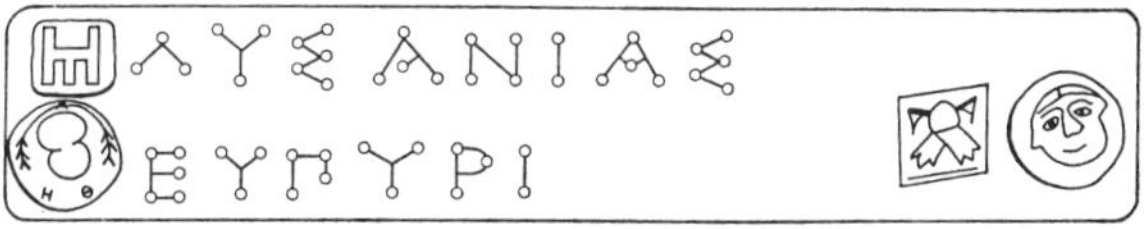

裁判員名札（ピナキオン）。模写。P・J・ローズ（1981）による。「エウピュリダイ区のリュサニアス」と名前が刻まれている

ことだ。これは当時のアテネ市民団の社会構成をかなり正確に反映していると彼は言う（ただし、裁判員の社会構成および価値観については研究者の間で意見の相違がある）。

もっと注目されるのは、名札の出土地である。欠けのない完全な状態の名札は、わずかの例外をのぞき、すべて持ち主の墓から副葬品として出土する。それも富裕者が多く葬られるケラメイコス区域の墓地からは一枚も発見されず、下町ペイライエウスの北部にあった下層民の共同墓地から大量に見つかるのである。このことは、彼ら一般庶民が生前にこの名札を大切にもち歩いていたこと、ひいては裁判員として民主政に参加していることを、何より誇らしく思っていたことをよく物語る。副葬品は死者の生前における価値観を正直に反映するものだ。他方、富裕者の墓から見つからないのは、彼らがあまり熱心な民主政支持者ではなかったか、そんなものよりもっと豪華な副葬品を望んだからであろう。

ソクラテスやプラトンにとって民衆裁判は軽侮ないし敵視の対象でしかなかったのだろうが、裁判員の過半数を占める庶民にとっ

て、そこに参加することは、民主政を支える市民の生きがいであり、矜持であったのだ。

2 公職者の責任

役人たち

これら民主的諸機関の下で行政の実務にあたるのが、役人《アルカイ》である。

貴族政以来の高位の役人である九人のアルコンは、民主政の世の中になると実質的な重要性を失う。彼らはある種の訴訟の受けつけと予審、および宗教行事の監督などごく限られた業務を担当するにすぎない。かわって国家の枢要の地位についたのが将軍職である。いく種類かの財務官職も、これについで重要な役職である。

上は将軍・財務官から下は汚物の処理や行き倒れの死体取り片づけを監督する者まで、アテネ民主政最盛期には国内だけで七〇〇人にものぼる役人が働いていたと伝えられる（伝アリストテレス『アテナイ人の国制』二四章三節）。これは民主化の進展によって、行政の分野にも市民が参加する機会が増えた結果だと言えるだろう。もとはアルコンにしか許されていなかった役人の統治権が、しだいに細分化され、これだけの数の市民たちに分け与えられるようになったのである。

アテネ民主政における役人は、われわれの想像する「官僚」という概念からはおよそほど遠い存在だった。まず、将軍や財務官など選挙で選ばれる少数の役職をのぞけば、役人はすべて抽選によって選ばれる。その任期は原則として一年、再任・重任は許されず、またどんな職務でも複数（たいてい一〇名）からなる同僚団が担当した。たとえば興味深いことに、アテネ民主政には一人の元首、つまり国家の代表者にあたる役職が存在しない。たしかに貴族政の昔には筆頭アルコンがそれに相当する役職だったし、「だれだれがアルコンだった年」というやり方である年を記憶する紀年法は、民主政時代になっても残ったが、彼はいかなる意味でも国家元首とは言えない。国賓との応接などさしあたって国を代表する行為は、毎月の当番評議員がこれにあたったのである。

一人の役人が握る権限を極小まで細分化してしまおう、というのがそのねらいであった。そこには、同一の人物に長期間にわたって強大な権力が集中することを妨害しようとする、強固な意図の作用を感じ取ることができる。科挙や公務員試験のたぐいで採用された行政のエキスパートが、それを職業として数十年もの間支配の実務を担当するという方式を、アテネ市民は選ばなかった。それはかならず腐敗と専横を生むと考えたからである。このような条件下では、自立的・永続的なテクノクラート集団の存在など、許されるべくもなかった。

前章に見た公共事業のやり方がよい例になる。そこで活動する役人たち――建造監督官や契約官――が、一年おきに交替する同僚団であることに注意しよう。いまかりに、ある建設業者が贈賄によって役人に便宜を図ってもらおうとたくらんだとする。だが一人の役人にだけ賄賂をつかったのでは、とても成功はおぼつかない。十数人いる関係役人の少なくとも過半数、完璧を期するなら全員に贈賄せねばならないだろう。しかも彼らはたった一年で交替してしまうのだ。ましてアクロポリス再建のような長期プロジェクトにおいて行政との癒着をはかるならば、これを十数年にわたって毎年行なわねばならない。たとえ便宜をはかってもらえたにしても、これでは元が取れるかどうかも怪しくなってくる。つまりこのようなシステムは、贈賄工作がペイしないようにと意図されたものなのだ。これと目をつけた出世株の官僚一人と長年親密な交際を続ければ、やがて巨額の事業を回してもらえるという現代日本の汚職の構造は、ここでは成り立ちえないのである。

アテネ民主政は、一方で行政に参加する機会を一般市民に拡げながら、他方で役人が職権を乱用することに極度の警戒を怠らなかった。抽選・任期一年・同僚団制度は、未然にそのような事態を防止しようとした方策の一つである。だが役人の専横を抑制するシステムはそれにとどまらない。役人は就任してから任期が終わるまで、つねに市民団の厳しい監督の下に置かれ、その責任を追及される立場にあった。これを法的に保障していたのが、つぎに述べる公職者弾劾制度の一連のしくみである。ここでは前五世紀末までにほぼ完成したそのメカニズムを見てみよう。

資格審査

自分がもし二五〇〇年まえのアテネ市民で、ある年にたまたま何かの役人に選ばれたとしたら、どのような一年を過ごすことになるか。史料にもとづいてできるだけ具体的に想像してみよう。

抽選であれ選挙であれ、およそ公的に選任された役人はすべて、就任するまえに一種の面接試問を受けねばならない。これを資格審査《ドキマシア》という。九人のアルコンは評議会と民衆裁判所の双方で、それ以外の役人は民衆裁判所で、それぞれ審査を受ける。三〇歳以上の完全な市民権をもった男子であることが役人に選ばれる資格要件であり、この要件を本人が備えているかどうかが、少なくとも審査の最低限の対象であった。ほかにも役人就任予定者は、民主政を担う市民としてふさわしいかどうか、あれこれ調べられたらしい。その問題はのちにあらためて取り上げるだろう。

重要なのは、ここで試されたのが役人としての専門的知識・技能・適性などではけっしてなく、あくまで立派な市民かどうかであったことだ。だから資格審査は、われわれの知る公務員試験とはまったくことなる。読み書きや算術、あるいは一般常識などの試験は一切ない。一人前の市民であれば、役を務めるのに必要な程度の教養は身につけていて当然というのが、アテネ市民の共通の認識だったようだ。

この審査にパスしてはじめて役人としての勤務が始まる。アルコンのような特別の役職を例外として、とりわけ前四世紀に入ると基本的に彼らは無報酬で働かねばならなかった。その意味ではアマチュア役人であり、一種の名誉職である。かといって無能や怠慢は許されない。彼らは任期中に何度も、その行為に不正や過怠がないか、執拗なまでにチェックを受けるのである。

まず彼らは、各月の主要民会ごとに信任を挙手採決で問われる。民会でだれかがある役人の不正を指摘すれば、挙手採決によってただちに役職を罷免される。へたをすると罷免だけではすまず、そのまま裁判にかけられる場合もある。同様に役人は月ごとに会計報告を評議会に提出し、検査を受けねばならない。たった一年の任期でも、うかうかしているひまはないのである。

執務審査

これらの関門を無事通過し、日々の業務をこなし、ようやく任期も終わりに近づく。しかしここからがむしろ正念場だ。任期満了に際し、役人は全任期中の公務の内容についてもっとも厳密な審査を受けねばならないのである。この審査を執務審査《エウテユナイ》と呼ぶ。その審査手続きは用意周到をきわめ、一般市民からの告発をも受けつけたから、苛烈とさえ言える厳しさであった。

審査は二つの段階に分かれる。第一段階は会計に関する審査であり、役人は執務報告書を会計検査官《ロギスタイ》と呼ばれる一〇人の役人に提出し、検査を受けねばならない。報告書がどのような体裁のものだったかについては、前章に見たパルテノン神殿の会計報告書が一つの参考になるだろう。

提出された執務報告書を検査した会計検査官は、金銭上の不正行為がなかったかどうかを判定する。具体的には公金横領、収賄及び公金取り扱い上の軽罪の三種の罪の摘発に努めるのである。彼らはこれらの不正を発見した場合はもとより、発見しえなかった場合も含めて、役人全員を民衆裁判所に送る。その法廷は会計検査官みずからが主宰し、同時に彼らは不正行為を行なった役人を訴追した。さらに、この法廷では一般市民からの告発をも受けつけた。法廷では会計検査官の伝令が、「だれかこの役人を告発したい者はいないか」と人々に問いかけたという。

この会計検査官も全市民のなかから抽選で選ばれた者で、特別な専門家集団ではない。また、およそ三〇日以上国家の公務を担当した市民であれば、たとえ公金を扱わない者でもすべて役人とみなされ、執務報告の義務を負う。執務報告には提出期限があり、期限内に提出せぬ者があれば犯罪行為と見なされて告発の対象となった。

さて以上の第一段階での告発を免れても、今度は会計業務以外の執務一般に関する審査が待ち構えている。これが執務審査の第二段階で、ここでは執務審査官《エウテュノイ》という役人が審査にあたる。彼らも一〇人で、評議会のメンバーのなかから選ばれる。

彼らは日中の人出の多い時間帯に、アゴラの評議会議場まえに着席し、一般市民からの告発を受けつける。会計業務以外の執務について、ある役人を相手どって訴訟を起こしたい市民はだれでも、第一段階の審査が終了してから三日以内に、彼らのもとに告発をもち込むのである。執務審査官はこれらの訴訟を受理して、民衆裁判所に回付し、そこで審判が行なわれる。

したがって役人は、二度にわたって民衆裁判所への告発の危険性にさらされるのである。有罪と決まれば厳しい罰を受けねばならない。収賄や公金横領の罪についてのは、軽くて罰金、重くて公民権喪失や財産没収、売国罪のような罪が立証されればもとより死刑を覚悟しなくてはならない。

このような二重の審査をすべてパスして、ようやく役人は公的責任から解放される。執務審査の手続きは、デロス同盟貢租がアテネに運ばれるようになった前五世紀なかばごろからしだいに形を現しはじめ、ペリクレスの死後いっそう整備されて前四〇五年ごろまでに原型が整い、前四〇〇年ごろには全役人に義務づけられるようになったと考えられる。

この審査が行なわれた年度替わりは今日の七月ごろであったから、夏の暑い盛りに役人たちは自分の書いた執務報告書を手にアゴラを右往左往したであろう。また役人に不当な扱いを受けたことのある市民は、鼻息荒く告発を申し出たことであろう。身に覚えのある役人は、悪事が露見しないよう息をひそめていたにちがいない。毎年この季節に行なわれる執務審査は、一つの年中行事として市民が寄せる関心も高く、喜劇にもそれに触れるせりふがたびたび現れる。

民衆裁判所で悪事を暴かれた役人のおののきをおかしなほど詳細に描くのは、アリストファネス『蜂』（前四二二年）中のせりふだ。ここでは裁判員を務めるのが好きでたまらない老人が、民衆裁判所での執務審査の審判をつぎのように得意げに語っている。

彼ら（被告である役人）はすぐにわし（裁判員）に柔らかい手を差し出す。公金から横領した手さ。そして身をかがめて哀れを誘うような声を出して嘆願する。『父よ、憐れんで下さい。お頼み申します。もしご自身もかつて役を務めたときや、戦争の際に糧秣の買いつけをしたときなど、公金をくすねたことがおありでしたならば』とね。（中略）

被告は娘でも息子でも、小さい子供の手を引いて被告席に上がる。そこでわしは耳を傾けてやる。子供たちは身をかがめて寄り集まり、いっせいに小羊みたいにメーメー泣き声を上げる。父親はわが子のため、あたかも神に嘆願するかのように、執務審査を無事パスするようにとわしに震えながら懇願するのだ。

（『蜂』五五三―五五七行、五六八―五七一行）

弾劾裁判

役人や政治家など公職者の責任を問うための制度は、このように定期的なものにとどまらない。なかでも政権の中枢にある人物を容赦なく裁きの庭に引き出し、彼らの政治上の責任を厳しく追及し、しばしば彼らを罷免のみならず処刑にまで導くというきわだった役割を果たしたのが、すでに何度も言及した弾劾裁判《エイサンゲリア》である。アテネ民主政のもっとも偉大な指導者ペリクレスでさえも、この弾劾裁判を免れえなかった。本書の物語も、この弾劾裁判をめぐる話が一つの軸をなしている。

　弾劾裁判が適用される犯罪行為については、「弾劾法」という法律がつぎのように規定する。

> （第一条）何びとであれ、アテネ民主政を転覆し、または民主政転覆の目的でどこかに集合し、もしくは徒党を組んだとき、あるいは
>
> （第二条）何びとであれ、あるポリスまたは艦船または陸海をとわず軍隊を敵に引き渡したとき、あるいは
>
> （第三条）何びとであれ、動議提案者でありながら、金品を受け取ってアテネ民主政の利益に反することを提議したとき、（以上の場合について弾劾裁判による訴追あるべきこと。）
>
> （ヒュペレイデス『第四弁論』七―八節）

すなわち弾劾裁判は、⑴民主政転覆ないしその陰謀、⑵売国罪、および⑶民会や評

議会での動議提案者の収賄という、国家の存立にかかわる重大な国事犯に対して用いられた。役人だけでなく、政治や軍事に参加するあらゆる市民がこの弾劾裁判の対象となりえたことは重要である。

その手続きは複雑だが、おおまかに述べるとつぎのとおりである。役人や政治家を弾劾裁判にかけようとする者は、まず民会ないしは評議会に重大犯罪の事実を告発し訴えを受理してもらう。弾劾裁判を起こす資格は、原則としてどの市民にも与えられている。民衆訴追主義がここでものを言うのだ。

この告発を受けてつぎに民会が、審判を民会と民衆裁判所のいずれで行なうか、民衆裁判所の場合何人の裁判員によって構成されるべきか、有罪判決の場合量刑をどの程度にするか、という裁判を方向づける重要事項について決議を下す。これを弾劾提訴決議と呼ぶ。しかるのちに審判が行なわれる。被告有罪の場合、犯罪の性格上その刑は多くの場合当然死刑であった。弾劾裁判はクレイステネスの改革のときに創設されたのち、エフィアルテスの改革をへてこのような手続きの形が完成されたと思われる。

執務審査が年中行事であったのに対して、弾劾裁判は国家の根本をゆさぶるような陰謀事件や、ペリクレスのような大物政治家の疑獄事件といった、いわば非常時に起こされるものであるから、個々の事件や裁判の経緯は同時代の人々の記憶に深く刻まれ、記録にも残りやすい。だから研究の手がかりも多い。この裁判にかけられて命を落とした政治家はじつに多い。しかも弾劾裁判の実際の事例を分析して気がつくのは、将軍が失脚あるいは処刑される例がきわめて多いことだ。ハンセンは残された史料をもとに、前五世紀初頭から前三二二年の民主政廃止までの間に起こされた弾劾裁判の実例百数十件を詳細に調べ上げた（一九七五年）。それをもとに、被告の地位・役職別に事例を分類するとつぎのようになる（被告一人につき一件と数える）。

私人・在留外人および地位不明のもの……六〇件
将軍……三四件
将軍をのぞく役人……一九件
役職に就いていない政治家……一七件
計　一三〇件

このうち最初の六〇件のなかには、一つの事件で四八人もの私人を弾劾裁判にかけた突出事例が含まれているから、それを例外としてのぞくなら、将軍が被告となった三四件がもっとも多い。将軍は閣僚級の高官であり、国家の指導者と言ってよい重職である。その将軍を、市民たちはつぎつぎに裁きにかけたのである。ミルティアデスやペリクレスの事例は、それらのほんの一端にすぎない。

市民たちがこのように頻々と国家の指導者である将軍を弾劾裁判にかけたことの意味を、どのように解釈すべきだろうか。議論は二手に分かれる。その一方はこの現象を、衆愚政の担い手と堕してしまった無定見な民衆の、政治指導者に対する恐怖支配の現れであるとする。他方は、むしろこれは民主政の正常な自己防衛機能の現れであって、強大な軍事指導権をもつ将軍が専制支配者となる危険性を、予防的に除去する働きがあったと評価する。どちらの論者も相応の根拠を示すが、いずれにせよ弾劾裁判が、指導者に対して民衆の意思を示すためのきわめて有効な手段であったことはまちがいない。

陶片追放と弾劾裁判

有力政治家に対する民衆のもう一つの意思表示手段といえば、陶片追放《オストラキスモス》であろう。弾劾裁判と陶片追放とは、クレイステネスの改革が生んだ双生児の関係にあると思われ、一人の政治家に双方があいついで用いられる例もあった。陶片追放は世界史の教科書などにも取り上げられ、わが国でも一般によく知られている制度だ。アテネのアゴラ博物館で投票に用いられた陶片を見た人も多いだろう。

陶片追放に用いられた陶片。「ミルティアデスの子キモン」と書かれている。キモンが前461年に追放されたときのものか（本書73頁参照）

しかしながら、弾劾裁判と陶片追放とではその性質、用いられ方にかなりの差がある。陶片追放は第一章で述べたとおり、僭主になる恐れのある人物の名を陶片に刻んで投票する制度だが、誤解してはいけないのは、この制度が罪を裁く訴訟ではないことである。追放された者は一〇年間帰国を許されないが、市民権・財産は保全されるし、もちろん一〇年たてば本国でふたたび政界に返り咲くこともできる。彼が有能な人物であれば、国家が危機に立たされたときには追放後一〇年未満であっても民会の決議によって呼びもどされることもあった。さらに、実際に陶片追放が行なわれた事例は史料的に確認されたもので一二件ほどにすぎず、それも前四世紀になると、制度は存続するものの現実にはまったく用いられなくなり、事実上その役割は終わりを迎えるのである。

それに対してはっきりと刑事訴訟の性格をもち、二世紀近くの間、おびただしい数の政治家たちを裁きの庭に送り込んだ弾劾裁判がアテネ民主政史上に果たした役割は、陶片追放よりもはるかに大きかったと言わねばならない。弾劾裁判は何よりも、民主政転覆もしくはその陰謀という犯罪行為に第一義的に適用された訴訟手続きであり、その意味で民主政防衛という任務を陶片追放よりもいっそう明確に負わされていたのである。ミルティアデスに対する裁判は、弾劾裁判がこの役割を忠実に果たした典型的な事例にほかならない。もっとも、かならずしもこのような事例ばかりではなく、逆にそれが民主政転覆のために悪用された例もあったことはのちに述べるとおりであるが、どちらにしても弾劾裁判がアテネ民主政史の舞台で大きな役どころを演じたことは確かである。本書で陶片追放よりも弾劾裁判に焦点をあてた理由もそこにある。

公職者弾劾制度の意義

このように、役人や政治家など公職者の行動に対しては、きわめて重層的・網羅的な監視装置が設定されていた。ここで注目すべきは、アテネ市民がいわゆる「公務員の倫理」のようなものに最初から期待していないどころか、むしろ露骨に不信感を抱いていたことだろう。A・H・M・ジョーンズの表現を借りれば、「権力の誘惑に抵抗する人間の能力」というものを、彼らは一切信用していなかったのである。しかも公職者の行動を監視する主体が、何か超越的な「お上」ではなく、市民団全体であったことに注意しなくてはならない。これらのしくみの網の目が、ここで言う公職者弾劾制度なのである。

要するにアテネ民主政は、永続的に支配者の座に就く個人の存在を許さず、たまたま権力を委ねられている人物も、その行使に際しては責任を厳密に追及されねばならぬという、単純だが明快な原理によって成り立っていた。だれもが政治に参加できるかわりに、いったん公職者になった以上だれもがその責任を負わねばならなかったのだ。「民主政とは本来無責任なもの」という表現は、少なくともここには額面どおりにはあてはまらないだろう。ただしここで言う「責任」が、西洋近代的な意味での責任倫理とは、かなり異質なものであったことも言い添えておかねばならない。当然のことながら古代ギリシア人は、キリスト教的（あるいはプロテスタント的）倫理観とは無縁であったのだ。

さてそのアテネ民主政は、ペロポネソス戦争の真っ最中に指導者ペリクレスが疫病で他界したのち、どのような道筋をたどったのだろうか。話をふたたび前四二〇年代にもどしてみよう。

第四章　迷走するアテネ

1　嵐と弾劾裁判

戦争の行方

ペリクレス死後、有能な指導者を失ったアテネは、しばしば和平の機会を逃し、戦局は混迷する。デマゴーグと呼ばれる主戦民主派のリーダーたちは、いたずらに民衆の支配欲をあおり立て、スパルタ側からの和議の申し出を蹴った。開戦後一〇年、前四二一年にいったん和平が成るが、主戦派のもり返しによりまもなく戦争は再開。前四一五年、アテネは空前の規模の海外遠征を企て、地味肥沃な耕地をもつシチリア島に大軍を派遣した。だが戦略の見とおしの立たぬまま孤立した派遣軍は二年後に投降し、遠征は大失敗に終わった。

シチリア遠征失敗後、アテネの政局は激しく動揺する。下層市民たちは戦争によって獲得される海外領土などの利益ほしさに主戦民主派を支持したが、他方戦時財産税などの戦費負担にあえいでいた富裕者ないし貴族のなかには、一日も早い戦争終結を望むと同時に、和議を阻む民主派を憎み、少数支配を復活させようとする寡頭派（旧貴族派）に心を寄せる者も多かった。こうして前四一一年、一見合法的な民会決議の形を取りながら、四〇〇人が政権を独占する寡頭政が樹立される。事実上の民主政転覆、寡頭派クーデターであった。だが四百人政権はまもなく民主派の巻き返しにあい、数ヵ月でもろくも崩壊、翌年民主政が復活した。

アクロポリス全景

本国の政治がこのようにめまぐるしく変動している間にも、アテネの敗色はますます濃くなっていった。アテネはその支配圏をじりじりと追い狭められ、小アジア沿岸の有力な同盟諸国もあいついでスパルタ側の手に落ち、あるいは離反した。

前四〇六年、死にもの狂いのアテネは、残された総力をあげて決戦を挑む。ところが、アルギヌサイの海戦と呼ばれるこの一大海戦の直後、戦闘の結末をめぐって重大な裁判事件がもち上がった。それは、事態打開の方向を見失ってヒステリックになったアテネ市民が犯した一つの失敗であり、ある意味では衆愚政の醜態と非難されてもしかたのない悲劇であった。その一部始終を、主としてクセノフォンの『ギリシア史』（一巻七章）を手がかりに見てみよう。

海戦と暴風雨

この年の秋。アテネ民会は、国家の命運をかけて全力でスパルタ艦隊と対戦することを決議し、奴隷と自由人とを問わずすべての成年男子を軍船に乗り組ませた。アテネ艦隊は同盟軍を含めて一五〇隻以上、向かうは敵艦隊の結集する小アジア沿岸の島レスボスである。これを率いる将軍は八人、当時本国にいた将軍のほぼ全員であった。そのなかには、あのペリクレスの忘れ形見、アスパシアの生んだ小ペリクレスの若々しい姿も見られた。

アテネ艦隊は、レスボス島の眼前にあるアルギヌサイ群島付近に停泊する。これと対峙したスパルタ艦隊は総数一二〇隻。数では劣勢だが乗員の練達度では急ごしらえのアテネ側に優っていた。満を持した両艦隊は、布陣を終えたのち正面から激突した。

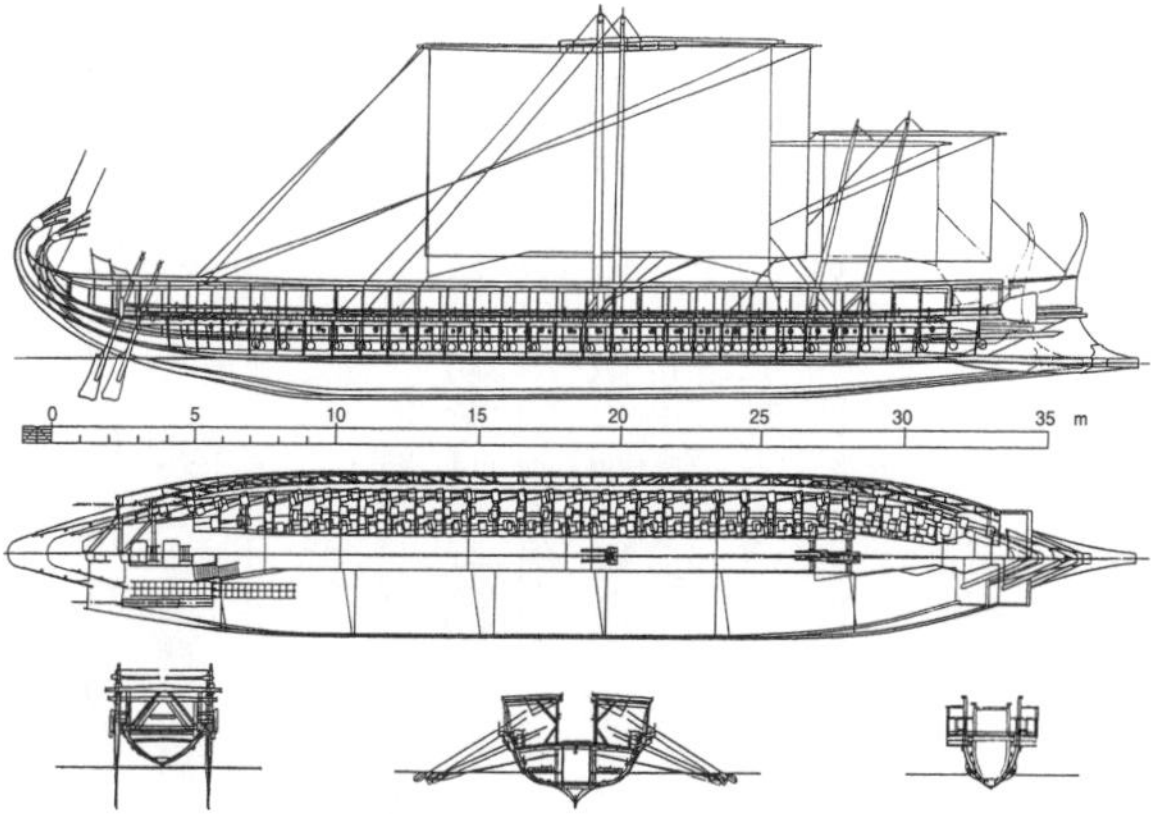

三段櫂船復元図（上）と復元されたオリュンピアス号（下）

当時の軍船は三段櫂船といい、漕ぎ手の列が上下三段にも並んだものであった（前頁図・写真参照）。彼らが号令のもと一斉にオールを動かすと、軍船はすさまじい勢いで突進する。そのへさきには衝角と呼ばれる青銅製の鋭い突起が取りつけられており、敵船に激突してその土手っ腹にこれで大穴をあけ、撃沈するというのが海戦のやり方であった。

死力をつくした海戦は長時間にわたった。やがてアテネ艦隊は右翼で敵を撃破、スパルタ艦隊は総司令官が戦闘中海に転落して行方不明となり、ついに潰走する。アテネ側も相当数の軍船の損失を出したが、この大勝利に勢いを得、ときを移さずレスボス島に停泊中の敵の別働艦隊を求めて新たな攻撃の態勢に入ろうとした。

ここで一つの問題が生じた。海戦で沈没・大破した味方軍船の将兵たちは、あるいは航行不能の船に取り残され、あるいは板切れにつかまりながら、まだ多数戦闘海域を漂流している。彼らを救助し、また戦死者の遺体を収容するという作業が残されていたのだ。しかし、追撃のチャンスはいまをおいてほかにない。そこで将軍たちは救助・収容作業を二人の軍船船長に命じ、そのための救助船も残して自分たちはつぎの攻撃目標に向かった。

ところがこの直後、事態は思いもかけぬ結末を迎える。付近一帯を突然、季節外れの暴風雨が襲ったのである。いつもなら冬場に吹くはずの、ケイモンと呼ばれる激しい嵐であった。海上に漂っていたおびただしい数のアテネの将兵は、救助される間もなく瞬時に波にのまれてしまった。国を救った英雄であるはずの彼らは、故国の土を踏むことかなわず海の藻屑と消え去ったのである。

アルギヌサイ裁判

ことの次第を知らされたアテネ民会は驚愕し、ついで憤激した。決戦には勝利したものの、そのあとに多くの将兵の命が失われた惨劇の責任は、現場の将軍たちにあると考えたからである。民会はただちに八人の将軍の解任と召喚を決議する。すでに彼らのうち二人は国外逃亡し、ついに帰国しなかった。自分たちを何が待ち構えているか察知したのだろう。帰って来たのは小ペリクレスを含む六人であった。

彼らはまず評議会で報告を行なったのち逮捕勾留され、民会に引き渡されることになった。弾劾裁判の手続き開始である。民会に引き出された将軍たちは、登壇した告発人の顔ぶれを見て唖然とした。こともあろうに、あのとき将兵救助の任務を負わされながらそれを果たせなかった二人の船長、テラメネスとトラシュブロスが将軍たちの弾劾に立っていたからである。二人とも前五世紀末における有力な政治指導者だ。

テラメネスらは将軍たちよりも一足先に帰国し、彼らを弾劾裁判にかけようと企てていたのだ。非難の矛先を自分たちからそらし、将軍たちに向け変えようとする彼らの意図は明白であった。

民会で将軍たちは当時の状況を説明し、救助はテラメネスらに委ねたこと、しかし彼らに責任を押しつけるつもりは毛頭なく、すべては人知の及ばぬ自然現象のもたらした不運の結果であることなどを述べ、証人も出して弁明に努めた。民衆はそのことばに動かされ、将軍釈放に意見が傾きかけたが、このときすでに夕闇がプニュクスの丘を包みはじめ、挙手を判定するのが困難になった。そこで民会は問題をつぎの集会にもち越すことにし、それまでにこの弾劾裁判の手続きを今後いかに進めるべきかについて案を作成し提出するよう、評議会に要請して散会した。

ところがちょうどこの時季、被告である将軍たちにとってじつに間の悪い祭事が挙行されつつあった。現在の暦で一〇月から一一月にかけての季節に催されるアパトゥリア祭である。この祭日には、アテネ市民団の下部組織の一つである各フラトリアの成員が集まって、結束を確認するならわしであった。当然その集会には、今回の海戦で落命した将兵の遺族たちもやって来る。祭に参加した人々は、あらためて血縁者たちの悲惨な運命を思い知らされ、悲しみを募らせることになるだろう。当時の人々にとって、死者が故郷の土に埋葬されぬということは、このうえなく恐ろしい不幸であった。まして近親が異国の海に遺体を漂わせ魚の餌になることなど、想像するだに耐えがたいことだったのである。

告発人テラメネスとその仲間たちは、この機会を逃さなかった。彼らは犠牲者の遺族を装って祭に現れ、遺族たちの感情をあおり、つぎの民会にかならず出席して将軍たちの弾劾に賛同するよう説いて回った。同時に彼らは、裁判の手続きについて審議中の評議会に工作し、つぎのようなまったく違法な評議会提案を成立させるのに成功した。

その評議会提案は、取るべき裁判手続きをこのように指示していた。前回の民会ですでに告発と弁明は行なわれたのであるから、今度の民会では一切の審理を行なわず、ただ一回の無記名秘密投票によって、将兵を救助しなかった将軍たちの罪について有罪か無罪かの判決を下すべきこと。しかも八人の将軍たちは個別に審理されるのではなく、一括して判決を下されること。有罪となれば即刻全員処刑され、財産は没収されるべきこと。

本来民主政においては、同一の犯罪行為を犯した者であっても、被告たちはそれぞれ別々に裁判を受け、めいめいの罪状に応じて刑が定まるというのが適法な訴訟手続きであった。その意味で、個人は法によって尊重されるということを、アテネ市民もよく承知していたはずであった。また前章に見たとおり、弾劾裁判の手続きにおいては、いったん民会で弾劾提訴決議が可決されたのち、あらためて民会ないしは民衆裁判所で告発と弁明が行なわれ、そこで判決が下されるのが普通である。弾劾提訴決議の直後にいきなり判決を下すのは許されない。だから、ろくな手続きも踏まずしかも被告たちを一括して裁くというこの評議会提案は、当時の常識に照らしてもきわめて異常で違法な内容であったのだ。

ソクラテス抵抗する

かくてふたたび招集された民会は、怒りをあらわにした遺族たちが多く詰めかけ、興奮した市民たちが怒号を発する尋常ならざる雰囲気のなかで開会した。

さっそく例の評議会提案が動議される。その途方もない主旨に驚いた一部の市民たちが、手続きが違法であるとして異議申し立てに立ち上がった。しかしテラメネス一派に感情をあおられて激昂している多くの市民たちは、逆に彼らを恫喝し、異議を取り下げねば将軍たちもろとも被告席に座らせるぞと脅した。彼らの言い分はこうであった。「たとえ何であれ、民衆《デーモス》が望むことを実行するのを妨げるのはけしからぬことだ！」やむなく異議は取り下げられた。

　つぎに違法手続きに抵抗したのは、民会の議長団を務める当番評議員たちであった。彼らの一部が、評議会提案を採決にかけることを拒否したのである。それが本来の議長団の責務であるからだ。ところが彼らも同様に脅迫され、ついに採決に同意してしまう。

　だがこのとき、議長団のなかにいた、はげ頭にしゃくれ鼻で体のずんぐりした一人の老人が、最後までこのやり方に反対するのが人々の目に映った。哲学者ソクラテスである。彼はのちに、このときの体験をつぎのように語っている。


　あのとき当番評議員のなかで、市民たちに反対し、法に反するいかなることを行なうのも拒絶したのは、私一人だけだった。登壇して提案を動議する人たちは、私をいまにも告発し逮捕しかねない勢いだったし、市民たちもそれを命じ、怒声を上げていたけれども、私はそのときこう思ったのだ。投獄や死刑を恐れ、付和雷同して不正なことを決意するよりは、むしろ法と正義とともにあらゆる危険を冒すべきである、とね。

（プラトン『ソクラテスの弁明』三二B—C）

この「美談」がはたしてどの程度まで真実なのか、一応問題となるところではある。この史料の書き手である弟子プラトンの脚色が加わっているかもしれないからだ。しかし、このエピソードは同時代のアテネで周知の事実であったというから、基本的には信用できるだろう。ただ、議案を採決にかけるかどうかは、最終的には議長団の合議で決まったものと思われるから、ソクラテス一人が抵抗しても、結果として採決を阻むことはできなかったわけである。のちにソクラテスやプラトンが民衆裁判に侮蔑や敵意の感情を抱くようになった原体験は、このアルギヌサイ裁判にあったのかもしれない。

怒号と後悔

採決に入るまえに、ふたたび一人の市民が立ち上がって将軍たちの弁護を行なった。エウリュプトレモスという有力市民で、アルクメオン家のメンバーであり、したがって小ペリクレスとは同族である。彼は対案を提出し、将軍たちの裁判にあらためて一日をあて、それを民会もしくは民衆裁判所で行なうべきこと、裁判は被告八人を一括ではなく一人一人別個に行なうべきことを、現行法を根拠に諄々《じゅんじゅん》と説いた。そして将軍たちが敵の大艦隊を撃破した功績に触れ、将兵救助に際しての将軍の措置は適切であり、嵐は彼らの責任ではないこと、また彼らのなかには無実の者も含まれているかもしれず、一括して処刑してしまえば取り返しのつかぬ過ちを犯す可能性があることなどを縷々《るる》訴えた。さっきまで怒声を発していた市民たちも、この説得力ある弁護を聞いてなお右に左にと判断を迷わせた。だが結局この対案は否決され、ついに評議会提案が可決されてしまう。

こうして民衆は異様な興奮にうながされ、この違法な手続きに従って即座に判決に移った。議場に壺が二種類置かれた。一方には有罪票が、他方には無罪票が投じられる。結果は有罪。国外逃亡した二人をのぞく六人の将軍たちは、ただちに処刑された。父ペリクレスがかつて民会にひざを屈して市民権を認めてもらい、家督の相続を許された小ペリクレスも、ここであっけなく最期をとげてしまう。父があれほど堅実に経営していた家産も没収され、ペリクレスの家系はここに断絶した。

信じがたいことに、市民たちはほどなく自分たちのしたことを後悔しはじめる。そしてこの裁判で民会を扇動した人物たちを逆に告発すべく逮捕し、投獄したという。なぜかそのなかに、最初の仕掛け人であったはずのテラメネスらは含まれていなかった。おそらく巧妙に告発を逃れたのであろう。いずれにせよアテネ市民は、何より戦争のさなかに軍事指揮官としての多くの人材を一挙に失ってしまうという、それこそ取り返しのつかぬ失敗をしたことを、みずから認めざるをえなかったのである。

裁判の背景

将軍たちを告発した人々には、どのような動機があったのだろうか。

告発の主役となったテラメネスは、政治的には一種の中間派に属し、参政権を一定以上の財産をもつ上・中流市民層だけに与えようという穏健寡頭派の首領であった。したがってこの裁判を、「大部分が筋金入りの民主派」である将軍たちに対する、穏健寡頭派の政治的攻撃であったとする見解が、従来有力であった。

だが八人の被告それぞれの経歴をたんねんに調べると、話はそれほど単純ではないことがわかる。彼らのうち、なんらかの政治的活動にたずさわっていたことが証明できる者、つまり政治指導者と呼ぶにふさわしい者は、半数の四人にすぎない。残りの四人に関しては、いかなる意味でも政治指導者としての経歴を跡づけることはできないのである。

小ペリクレスも、後者に属する政治性の薄い将軍であったと言える。彼は、父が先妻に生ませた二人の異母兄――父の頭痛の種であった不肖の息子クサンティッポスとパラロス――に比べれば、まだしも出来がよかったらしい。卑賤の出ながらも教養の深かった母アスパシアの教育によるものであろうか。ともかく、彼は前四一〇／九年の同盟財務官に選ばれていることが碑文から確認されている。だれでも務まる役職ではない。それはデロス同盟の金庫を預かるきわめて重要な役職で、抽選ではなく選挙で選出されていることからも、市民たちが彼の能力と資質によほどの期待をかけていたことが推し量られる。もっとも多少意地の悪い見方をすれば、当時三〇歳そこそこの彼が同盟財務官に当選したのは、いわば「親の七光り」によるものであり、彼を選出した市民たちは彼個人の能力よりも、偉大な父の再来に期待をかけたとも考えられるのであるが。

いずれにしても、政治家二世であった彼が父の残した政治的地盤を活用して政治指導者としての地歩を築くには、あまりに時間が足りなかった。アルギヌサイ裁判のとき、彼はまだ三四歳ほどであったにすぎない。それまでに彼が公の場で活躍したのは、この同盟財務官就任ただ一度きりである。そのほかには、彼の政治的立場や傾向を推測させるような動向は一切見られない。結局彼は、偉大な指導者の息子という位置づけしか与えられぬまま、短い生涯を閉じてしまったのである。

政治性の薄い被告である四名の将軍のうち、残る三人はいずれもこの海戦と裁判に登場するだけの、何の政治的イデオロギーも見いだせない人物である。ペリクレス

（父）の死後、このように政治には一切タッチしない、いわばノンポリの将軍たちがしばしば弾劾裁判の俎上に載せられるという新たな現象は、注目に値する。

では残り半数の将軍たちの政治的立場はどのようなものであったか。重要なのは、この四人の政治的傾向がかならずしも一様ではなく、安易に「筋金入りの民主派」という一つのわくで全員を包括できるほどに均質なグループではないことである。彼らのうち三人は民主派のリーダーと見てよい。だが残る一人アリストクラテスは、ほかならぬこの裁判での告発人であるテラメネスの右腕とも言うべき人物であり、彼と同じく穏健寡頭政を理想とする政治家であった。四百人政権樹立に際しては当初テラメネスとともにその中心人物として活躍したが、やがて二人はこの寡頭政権のやり方に不満をもち、のちにはその打倒を指導した。つねに同志的結合によって行動をともにしていた二人が、この裁判ではなぜか告発人と被告という立場で対峙したのである。

このように性格がばらばらな八人の将軍たちが一括して訴えられたという事実の重みを考慮に入れれば、彼らが特定の政治的立場を共有していたがゆえに告発されたという考え方は成り立ちがたい。さらに見逃すべきでないのは、当初の二人の告発人テラメネスとトラシュブロスではその政治的志向がたがいにまったくことなり、前者が穏健寡頭派の領袖であるのに対して、後者がまちがいなく民主派の指導者であったことである。被告のみならず告発人たちの立場もまちまちだったのだ。

　この裁判の政治的背景をめぐってはじつにさまざまな学説が提出され、これといった定説はまだ現れていない。結局いまのところ単純だがもっとも説得力のある説明は、海戦の現場で漂流者を救助するように将軍たちから命令されたテラメネスとトラシュブロスが、暴風によってその任務を果たせず、その非難を自分たちが被ることにおびえ、先手を打って将軍たちに全責任を押しつけたのだという説である。いわば告発人自己保身説だ。このような動機であれば、被告たちがいかなる政治的立場に立とうが、告発人にはまったく関係のない話だったのだ。告発側にとってもっとも重要なことは、被告を一人残らず抹殺することであった。一人でも取り逃がせば、やがて逆に彼らが訴えられることは確実だからである。被告全員を一括して裁くべし、という告発側の提案は、このように考えてはじめて意味をもつのである。

　ただし、告発側の意図がどのようなものであれ、この裁判のとくに後半、すなわち将軍の処刑が決まった最後の民会における激しい議論が、もはやテラメネスら個人の手を離れて、群集心理のおもむくままに押し流されてしまったことは否定できない。それは当事者である市民たち自身がよく承知していた。裁判のあとで彼らがたちまち「後悔した」という事実が、そのことを裏づける。

戦争が泥沼化し、さらに前代未聞の疫病による惨禍を味わったアテネでは、非常時の興奮に押されて、民衆がしばしばこのような振る舞いを見せた。それは、無制限の主権を与えられながらかえってそれに振り回され、方向を見失って迷走する彼らの姿であった。

2　破局

「デマゴーグ」と民主政の進展

世界史の教科書の記述には、しばしば「ペロポネソス戦争後、デマゴーグ（扇動政治家）の扇動によって操られたアテネは衆愚政に堕し、衰退していった」という意味の表現が見られる。アルギヌサイ裁判も、衆愚と堕した民衆のやみくもな自傷行動の一例としてよく引き合いに出される。この種の事件が、ペロポネソス戦争中にしばしば発生したことは事実だ。

だが、デマゴーグたちとそれにあおられた民衆の行動をめぐるトゥキュディデスやクセノフォンなどの記述は、少なくとも歴史の一面しか伝えない。トゥキュディデスはミルティアデスを曾祖父に、キモンを大伯父にもつとされる貴族で、ペリクレスを高く評価していたが、彼亡きあとのアテネ民主政には、はっきりと批判的な態度をとっている。またトゥキュディデス自身がこの戦争に将軍として参戦し、作戦行動の失敗を罪に問われて弾劾裁判にかけられ、祖国を亡命していることにも注意したい（前四二四年）。彼が自分を断罪した民衆に、批判的な態度をとったとしても無理はない。個別の事情はことなるとはいえ、クセノフォンも基本的には同様の保守的な立場に立つ。

彼らの言及しない事実が、少なくとも二つある。一つはデマゴーグと呼ばれる政治家たちのプロフィルについてである。彼らは、生まれが卑しく、民会で派手なパフォーマンスをして人の目を引こうとする、どちらかといえば品のよくない連中として描かれることがこれまで多かった。だが碑文史料などを用いた詳細な人物史研究の成果は、貧民大衆の代表とはかならずしも言えない彼らの出自を、すでに以前から明るみに出している。

彼らはたしかに貴族の出身ではなく、また農業でなく商工業に経済的基盤をもっていたが、すでに父の代からかなりの資産を築いてきた財産家の生まれであり、いわゆる名望家と呼ばれるにふさわしい富裕市民であった。つまり、かつては古い家柄を誇る門閥出身の政治家たちに限られていた民主政の指導者層が、この時代、経済的実力を身につけて社会的上昇をとげた本物の平民層にまでそのすそ野を拡大したということなのだ。その意味で、これは民主政の進展の一つの現れと言える。

貴族の家柄と伝統的威信によって民衆をリードする、古いタイプの政治家に代わって、これら新しいタイプの政治家たちは、民会での弁舌・説得を主たる武器にして政治の舞台に登場した。もちろんその背景には彼らの経済力がある。このような新興勢力の派手な活躍を、保守的な人々は苦々しい思いで眺めていたのである。古典史料のなかで新しいタイプの政治家たちが、あきらかに嫌悪を込めてデマゴゴス（デマゴーグ）と呼ばれ、露骨な非難のことばを浴びているのは、保守層のこのような感情を代弁してのことなのである。

もう一つの事実は、政治の表層では動乱と混沌に満ちていたこの前五世紀末葉に、民主政のシステム、とくに公職者弾劾制度が着実に整備されていったということである。前章に見た執務審査の原型がほぼ整うのは、前四三四年から四〇五年にかけての時期と考えられる。弾劾裁判の適用されるべき罪を成文化した前述の弾劾法が制定されるのも、前四一〇年ごろのことだ。さらに、法に違反する内容の民会決議の成立を阻止するための訴訟手段として、「違法提案に対する公訴《グラフェー・パラノモン》」という手続きが創設されたのも、ペロポネソス戦争の最中である。ただし、アルギヌサイ裁判の顛末からもあきらかなように、この制度は当初本来の機能を十分に発揮できなかったらしい。この制度については次章でくわしく述べるだろう。

新たに整備されたこれらの制度のなかでは、民会や評議会における動議提案者の不正行為を摘発の対象とするものが目立つ。「違法提案に対する公訴」がその典型だ。また弾劾法の第三条は、動議提案者が金品を受け取って国を誤る提案をすることを重大な国事犯として規定する。いわゆる「金で買われた発言」が、民会や評議会で横行するのを厳しく処罰する条項だ。このことは、新しいタイプの政治家たちが多く民会・評議会で活動するようになるとともに、彼らの責任を追及する制度が新たに範囲を拡げたことを示唆する。参加の拡大と責任追及システムの充実とが、ここでもあいたずさえていることがわかる。

他方で、陶片追放が前四一七―前四一五年以降、実際にはまったく用いられなくなったというのも、たいへん示唆的な事実だ。おそらくそれは、この古めかしい制度が前五世紀末の民主政の新たな段階に適応できなくなったことを意味するのであろう。有力政治家に対する政治裁判には、これ以降もっぱら弾劾裁判が使われるようになるのである。

ペロポネソス戦争は、たしかにアテネに政治の混迷をもたらした。だが民主政はその混迷と格闘するなかから、政治の表層には現れない深いレベルで制度の組み替えを模索しだしていた。ただし、それが目に見える形で実を結ぶのは、戦争のみじめな敗北と民主政の再度の転覆という破局をへたあとのことである。つぎにそのいきさつを追ってみよう。

敗戦

アルギヌサイの海戦で大勝したことは、しかしその後のアテネの不幸をむしろ決定づける方向に作用した。勝利に気をよくした民衆は、主戦民主派の指導者クレオフォンの強硬な主張に動かされ、スパルタ側が申し出た寛大な和平の条件を、またもや一蹴してしまったからである。かくて対等の和平のチャンスは、永久に失われてしまった。

最後の決戦は前四〇五年の秋、ケルソネソス半島——かつてミルティアデスの一族が開拓した、ヘレスポントス海峡を扼する要衝の地——の海峡側、アイゴスポタモイと呼ばれる地で行なわれた。アテネ艦隊はあっけなく敗れ、脱出した少数の船をのぞく全艦艇をスパルタ軍に分捕られてしまった。海峡は、黒海沿岸からアテネに穀物を運ぶための生命線である。アテネは、四肢をもがれたも同然となった。

ついでスパルタ軍は、海陸両面からアテネを封鎖した。食糧を自給できないアテネに、たちまち飢餓が襲いかかる。ようやく和平交渉が始まったが、全面降伏しか取るべき道が残されていないことは、もはやおのずとあきらかであった。それどころか男子は皆殺し、婦女子は奴隷に売られるという最悪の事態すら予想する者もあった。

この期に及んで、クレオフォンは和議を結ぶことに意固地に反対した。彼は和議受け入れに同意しようとする者を、喉をかき切ってやると言って脅し、事実降伏を提案した市民は投獄されてしまうありさまだった。

ここでふたたび寡頭派勢力の陰謀が頭をもたげてくる。スパルタと和議を結び、民主政を転覆解体しようと企てる彼らは、何よりもまずこのクレオフォンの政治力を排除せねばならないと考えた。そこで彼らが計画したのは、本来民主政防衛のために存在する弾劾裁判の手続きを逆手にとって、表面上合法的にクレオフォンを抹殺することであった。

まず彼らは同志を評議会に送り込み、クレオフォン弾劾の発議を評議会の名において行なわせることに成功した。弾劾裁判の通常の手続きによれば、つぎに民会で弾劾提訴決議が行なわれ、終審法廷をどこにすべきかの決定がなされるはずであったが、寡頭派はこの手続きを嫌った。民会ではまだクレオフォンの影響力が強く、そこで弾劾提訴決議が通過する可能性は低かったからだ。そこで彼らは、民会の頭越しにいきなり民衆裁判所に審理を付託するという異例の手続きを選んだ。それでもまだ不安だった寡頭派は、民衆裁判所の審判を評議会と合同で行なわせるという違法なやり方を強引にとおしてしまった。こうして、すでに寡頭派側に傾いてしまった評議会の監視下で、クレオフォンに死刑の判決が下される。

あとは一瀉千里であった。主戦民主派最大の領袖を葬り去るのに成功した寡頭派は、今度は堂々と弾劾裁判の正規の手続きに従い、評議会の議決によって民主派指導者をつぎつぎに逮捕連行した。その告発理由は、彼らが国制転覆の陰謀を企てたという理解しがたいものであった。それこそまさに寡頭派にあてはまる罪状であったのだが。ついで民会は弾劾提訴決議を下し、被告を二〇〇〇人の裁判員による民衆裁判所で裁くよう決定した。クレオフォンなきあとの民会でこのような決議を通過させることは、もはやたやすいことだったのである。民主政防衛の役割を担っていたはずの弾劾裁判が、民主政転覆のために巧妙に用いられたことは、きわめて皮肉であった。

三十人政権の樹立と崩壊

かくて和議の受け入れ条件はすべて整った。前四〇四年春、アテネはスパルタに降伏する。アテネは海外領土をことごとく取り上げられ、アッティカだけを残された。ギリシア随一を誇った海軍も、ほとんどすべてが敵に引き渡される。アテネは全同盟国を失い、デロス同盟はここに解体した。「アテネ帝国」の終焉である。市域とペイライエウス港を結ぶ長城壁および同港の城壁は、笛吹きの伴奏にあわせて破壊された。アテネの専制支配に苦しんでいた同盟国市民たちは、この日をギリシア解放の日として笛の音とともに祝ったのである。

まもなくアテネでは、スパルタ進駐軍の後押しによって寡頭政権が樹立された。すでに民主派指導者たちを抹殺していた三〇人の寡頭派首領が、政権を独占する。のちに「三十人僭主」と呼ばれることになるこの極端な寡頭政権は、実権を握ると民主的国制をことごとく廃棄した。民主政は再度転覆されたのである。さきに民衆裁判所での審判が決議されていた民主派指導者たちも、結局この民会決議を無視され、「三十人」に掌握された評議会の判決を受けて処刑されてしまう。残りの民主派市民たちは国外逃亡によってかろうじて難を避けた。

貴族や富裕者たちは、はじめこの三十人政権におおいに期待したらしい。この「三十人」のなかには、ソクラテスの教え子やプラトンの近親者も何人か混じっていた。アテネでも指折りの名門貴族の生まれであったプラトンは、三十人政権が成立した当時の思いを後年つぎのように回想している。

たしかに、たまたま三十人一派のなかには私の親戚や友人がいましたし、事実その人たちは早速、それが私にうってつけの仕事であるかのように、彼らの政治に加わらないかと誘ってきたのです。そのとき私が感じた気持ちは、なにぶん若かったものですから、至極当然のものでありました。というのは、私はこう思ったのです。彼らはきっとこの国を邪悪な生活から正しい状態へと導いて統治してくれるだろうと。ですから、彼らがこれから何をしてくれるだろうかと期待して、このうえなく注目していたのです。

（プラトン『第七書簡』三二四D）

しかし、プラトンらの期待はすぐに裏切られる。三十人政権はいったん権力を掌握すると、かつての僭主ヒッピアスも顔負けの恐怖政治を始めたのである。彼らは鞭をもった三〇〇人の護衛兵を使って、民主派ばかりか貴族や富裕市民たちをも片っ端から逮捕して殺害した。財産没収が目あてである。こうしてわずか数ヵ月の間に、一五〇〇人もの市民が正規の裁判なしに処刑され、多くの市民が国外に亡命した。

当時アゴラの北には「ストア・ポイキレ（彩画列柱廊）」という建物があり、アテネの英雄たちの武勲を描く絵画が飾られていることで有名だった。のちの伝承によれば三十人政権時代、ここで一四〇〇人もの市民が即決で死刑を宣告されたという。いまわしい記憶のまつわるこの建物には、それ以後あまり人が寄りつかなくなったらしい。のちに哲学者ゼノンがここを講義の場所に選び、それがストア派の名称の起こりとなったのも、人が大勢集まらぬ静かな環境を求めたからだという。

みずからを「善にして美なる者たち」と称して誇り、下層市民と民主政を蔑視していた寡頭派には、結局のところ政権担当能力の欠如していることがあきらかとなった。さすがのプラトンですらその暴虐を目のあたりにして、「以前の国制（民主政のこと）が金のように輝いて見える」と思わざるをえなかったのである。

三十人政権は敗戦後のアテネにさらに深い痛手を与えただけで、その後まもなく国外から帰還したトラシュブロスらが率いる民主派勢力との内戦に敗れ、崩壊する。こうして前四〇三年、民主政は復活した。さきの四百人政権にせよこの三十人政権にせよ、一年も続かず民主派に打倒されたということは、民主政の復元力のほうが当時ははるかに大きかったことを意味する。すべてのアテネ市民にとって、いずれにせよ民主政という生き方しか選ぶべき道は残されていなかったのである。

第五章　民主政の再生

1　新たな出発

破局のあとで

前四〇三年秋、アテネの暦でボエドロミオン月（九月後半―一〇月前半）の一二日。寡頭派首領が逃げ出した市内に、民主派市民たちはふたたび帰って来た。そこで彼らが目にしたものは、敗戦とそれにつぐ内戦がもたらした混乱と流血の爪痕であった。彼らは、アテネが喪失したものの大きさをあらためて思い知らされた。二〇〇近くの同盟国を擁したデロス同盟は、もはや存在しない。アテネの海上支配圏はあとかたなく潰え去り、巨額の同盟貢租がアクロポリスに運び上げられることも二度となくなった。国際政治の場においてアテネが超大国の地位から転げ落ち、ギリシア世界の覇権を奪われてしまったことは、すでにだれの目にもあきらかであった。

にもかかわらず、民主政の深化と徹底の歩みは、ここでけっして衰えたわけではなかった。この前四〇三年をさかいに、アテネ民主政は多くの反省と悔悟のうえに立ってみずからのシステムを再編し、新たな決意とともにふたたび息を吹き返したのである。それは、若々しいエネルギーにあふれてはいるが、いったん優れた指導者を失えばときとして暴走しかねない以前の民主政のありようから、より成熟し、安定した姿へと生まれ変わった。この変容は、いわば死と再生の物語にほかならない。民主政は、むしろアテネが超大国の地位を失ったあとで、本物の光を静かに放ち始めたとさえ思われる。本章では、その民主政再建のプロセスを跡づけてみよう。

再生のプログラム

民主政の再建にあたってアテネの民衆は、いくつかの重要な基本原則を確認した。その第一は、寡頭派市民たちとの和解である。亡命先から帰国して政権を取りもどした民主派は、必要以上にかつての寡頭派を追いつめることをあえてしなかった。両派はスパルタ軍の立ち会いのもとに和解を成立させ、既往は問わずという原則について合意した。そして一部の首謀者をのぞき寡頭派市民の罪を許し、これに対する民主派側の復讐を禁ずる大赦令も発効した。報復が報復を呼ぶという内戦につきものの悪循環を断ち切り、ポリス市民団の統合を最優先に確保しようとする、民衆の自制心がもたらした結果である。これによって国家の分裂という最悪の事態は回避された。

これには、過去の苦い経験に対する反省が強く働いたと思われる。というのは、かつて前四一一年に四百人政権が打倒された直後、復讐心に駆られた民主派は、苛酷なばかりに寡頭派の残党狩りを行ない、例の弾劾裁判によってつぎつぎに寡頭派指導者たちを処刑したのである。それのみか、民主政を転覆した寡頭派市民をだれが殺しても罪に問わないという法まで制定した。しかしながら結果的にこのやり方は、四百人政権よりもはるかに過激で専横な三十人政権の出現という、痛烈なゆりもどしを招いたにすぎなかった。復讐は復讐しか生み出さないということを、民衆は身をもって経験したのである。

大赦令は厳密に遵守された。親族友人を三十人政権に殺された市民の数は少なくなかったはずだが、彼らは私的怨恨よりも民主政の順当な再建を優先させたのである。

ある男が、和解直後にこの大赦令を無視して復讐に走った。これに対する指導者たちの対応は素早かった。民主政再建の指導者の一人であったアルキノスという政治家が、この男を逮捕させ、評議会の決議により死刑に処したのである。このときアルキノスはつぎのように主張したという。

民主政を守り、和解の宣誓を遵守する意思があるかどうかを示すのは、今このときをおいて他にない。もしこの男を放免すれば、他の者たちにも同様の行動を取らせることになろうが、処刑すれば万人に範を示すことになろう。

（伝アリストテレス『アテナイ人の国制』四〇章二節）

事実、このあと大赦令違反は跡を絶った。一罰百戒である。もちろん後述するように、しばらくののちには、大赦令に抵触しない形で巧妙に旧寡頭派への復讐が図られた例もないではなかった。しかしなお、民主政再建に対する市民たちの決意のほどを、このエピソードはよく物語る。

第二に重要なことは、今後のアテネの国制の枠組みをどのようにすべきかについて、市民たちが民会や民衆裁判所の場で主体的に議論を行ない、そして民主政という国制を基本的には将来も維持してゆくことを再確認したことである。このときの議論においては、一方では一部の奴隷や外国人にまで参政権を拡げるべしという意見が提出され、他方では逆に参政権を土地所有者に限定し、一種の穏健な寡頭政（ないしは制限民主政）にすべきであるという主張がなされた。しかし結果として市民の大多数が選んだのは、そのどちらでもなく、アテネ人の両親から生まれた成年男子市民であれば、財産の多少にかかわらず平等に参政権を享受するという、ペリクレス以来の民主政の原則であった。ここで大事なことは、アテネの民衆が戦勝国スパルタの圧力に強制されてではなく、自発的にあらためて民主政の存続を選び取ったということである。スパルタはどちらかと言えば寡頭政的なプランに賛成だったようだが、結局アテネの内政に干渉することはあえてしなかった。

人治から法治へ

第三の、そしてもっとも重要な原則は、法というものの地位を、そのときどきの民会の判断によっては容易に左右されない次元にまで高めるということであった。アルギヌサイ裁判の例に端的に見られたように、民会に集まる民衆の意思に無制約の権限を与えることは、民主政の基本ルールを民衆自身が破壊するという、一種の自滅行動につながりかねなかった。事実民衆は、自分たちの意思を統御する、より高次の規範を見失い——それは彼らがペリクレスという父性のシンボルを喪失したことと無関係ではないだろう——、みずからの判断にみずからが振り回されて、それこそ無法にも迷走するという醜態を演じてしまった。それがペロポネソス戦争末期のアテネの混乱の原因となったわけである。

新たな出発にあたって市民たちは、「たとえ何であれ、民衆が望むことを実行するのを妨げるのはけしからぬことだ！」とあのとき叫んだことが、じつはほかならぬ「民衆の支配」すなわちデモクラティアを根幹からゆるがす危険な発想であることを、後悔とともに悟らざるをえなかった。そして民主政を支える法《ノモス》を民会決議《プセフィスマ》とは厳密に区別し、そして前者が後者に対して優位にあることを明確に確認したのである。誤解を恐れずにあえて現代風に表現しなおすとすれば、人治主義から法治主義へ、あるいはM・オストワルドのことばを借りれば民衆の至高性から法の至高性へと、民主政の根本原則は移動した。そしてたしかにこのことは、これ以降前四世紀末に至るまで、法の支配のもとで安定して統制の取れた統治を民主政が維持できたことに貢献したものと思われる。

法の地位をめぐるこの変革は、まず和解と大赦令の厳守ということからその第一歩を踏み出した。ついでアテネの民衆は、すでに四百人政権崩壊直後から始まり、その後の動乱によって中断を余儀なくされていた全面的な法の改定・編纂作業を大急ぎで再開し、前四〇三／二年までに完成させた。これにより既存の諸法を、新しい民主政の理念にふさわしいように整理しなおすとともに、新たにいくつかの法を追加し、国制全般が成文化された法にもとづいて運営されるよう再編成したのである。

それとともに、法の改正ないし新たな制定には、それまでにない厳密な立法手続きが定められることになった。ここでの重要な変化は、立法における民会の役割が、ある程度制限されるようになったことである。新しい立法手続きについてはいまだ不明な点が多いが、さしあたりあきらかなことは、民会は立法の発議や法案の審議に参加することを認められたものの、最終的な法案の批准は、民会がその年の裁判員のなかから任命した立法委員会《ノモテタイ》に委ねられたということである。これにより、国家の根幹にかかわる法が、一度の民会決議で簡単に改廃されるということはなくなった。

当然のことながら、このようにして制定された法は民会決議よりも優位に置かれ、民会といえども違法な決議を可決することは許されなくなった。近代であれば基本法に相当する法が永続的にポリスの国制の根幹を拘束するのに対して、民会決議は、たとえば宣戦布告や外交政策など、ある時点におけるそのとき限りの状況にのみ対応するものと見なされたのである。前四〇三／二年に制定されたと考えられるつぎの法は、再生した民主政のある意味での法治主義を保証するものとなった。

役人は成文化されざる法にはいかなる場合にも従ってはならない。評議会ないし民会の決議《プセフィスマ》は、法《ノモス》より優位に立ってはならない。六〇〇〇人の秘密投票によって民会決議されないかぎり、同じ内容が全市民に認められることなしに、特定の個人に関する法を制定してはならない。

（アンドキデス『第一弁論』八七節）

ここには、近代国家におけるそれとは基本的に異質な文脈においてではあれ、成文法主義、基本法の最優位、法の下の平等という原則が明示されている。

「違法提案に対する公訴」

法の優位を実際に保障する制度が、さきにも言及した「違法提案に対する公訴《グラフェー・パラノモン》」という訴訟手続きである。これは、違法な民会決議の成立を阻止し、そのような議案を民会で提出した動議提案者を処罰するための公法上の訴訟であった。

民会ないしは評議会で法に違反すると思われる議案が提出された場合、あるいは評議会の先議の原則を無視して民会に議案が上程された場合、その提案者を告発しようと欲する市民はだれでも、宣誓を行なったうえでこの訴えを起こすことができる。これは議案が可決されるまえでもあとでも可能である。訴えと同時にその議案は採決を中断され、あるいは決議可決後であれば一時的に決議は失効する。しかるのちに裁判が民衆裁判所で開かれ、くだんの議案ないし決議が、はたして法に違反するかどうかが争われる。被告、すなわちその動議提案者が有罪を宣告されれば、刑は軽くて高額罰金、重い場合は公民権喪失ないし死刑である。当然、議案は廃案、成立した決議は失効が確定する。

前述のように、この制度はすでにペロポネソス戦争中、前四一〇年代には生まれていたらしいが、法の民会決議に対する優位という原則がまだ確立されていなかった当時のことであったため、実際にはここぞというときにその効力が発揮できなかった。それだけに前四〇三／二年の民主政の再出発にあたっては、この「違法提案に対する公訴」に市民たちはあらためて大きな役割を期待したのである。民会がもはやかつてのように無法な暴走をしないよう監視するものとして、彼らはこの制度を「法の番人」と呼んだ。それは、法治によって制御される民主政の防壁として意識されたのである。

ハンセンの実証的研究によって、この訴訟手続きで起こされた裁判の実例が三九例ほどあきらかになっている（一九七四年）。その事例のなかには、本来の意味での法の擁護を目的としてというより、当該民会決議を提案した人物に対する、たんなる個人的怨恨や政治的ライバル関係から起こされたと思われる裁判も少なくない。また三九例中二〇例が顕彰決議に対して起こされた事例であることも、顕彰される人物に対する嫉妬心という動機が、訴訟の背景にあったことをある程度推測させる。

しかしながら、この「違法提案に対する公訴」が実際には何の役にも立たなかったというのは誤りである。数のうえで多くはないが、ときには国家全体の利害にかかわる重要な政治的議論から提起された裁判事例が、前五世紀末から前四世紀をとおしていくつも見いだされるからである。たとえば先述のように、前四〇三年にアテネの将来の国制をどのような形にすべきかという議論がなされたとき、奴隷や外国人にまで参政権を与えるべきであるという民会決議の成立が阻止されたのは、ほかならぬこの「違法提案に対する公訴」によってであった。具体的に言えば、いったん民会で成立したこの決議を、民衆裁判所が違法であるとして覆したのである。国制の永続的なあり方をめぐる重大な議論に、この訴訟手続きが深く関与した事例である。

また前三五五／四年には、軍船建造の義務を怠った前年度の評議会を、こともあろうに表彰しようとする民会決議が成立しそうになったことがあった。それに待ったをかけたのもこの訴訟手続きである。規定数の軍船を建造するのは、評議会の重要な任務の一つである。海軍力の整備にもっとも重い責任を負うはずの評議会が、その任務をないがしろにしているにもかかわらず、これを表彰するという行為は、国家の将来に重大な禍根を残すと考えられて当然であっただろう。ここでは評議会の責任追及という問題が、たんなる個人間の政争のレベルを超えてかかわっていたことに注意すべきだ。

「違法提案に対する公訴」がどれほど民主政の防壁として機能しえたかという問題については議論があるが、少なくともその存在自体が、法の支配の原則をつねに市民たちに意識させる抑止力となっていたことは否定できないであろう。

システムの再編

以上に述べたことのほかにも、アテネ民主政は前四〇三／二年ないしその直後に、大規模な機構改革を行なった。前五世紀なかばにおけるアテネ民主政の飛躍的発展は、デロス同盟による海上支配の拡大に負うところ大であった。だが、そのデロス同盟支配が解体したにもかかわらず、たいへん興味深いことに、民主政の諸制度は縮小衰退するどころか、むしろ逆に充実していったのである。アテネの徹底した民主政はしょせん帝国主義的支配のうえに咲いたあだ花だという論評があるとすれば、その意味でこれは事実に反する。

その機構改革はじつに多方面に及んだはずだが、その全貌をここで逐一あきらかにする余裕はない。ただ本書の筋に関係する限りで注目したいのは、公職者弾劾制度がいっそうの発展をとげ、ほぼ完成の域に達したことである。

具体的には、第三章に紹介した役人の資格審査および執務審査が制度的に完成を見る。すなわち、おそらくは前四〇〇年ごろの立法措置により、それまで一部の役人にしか義務づけられていなかった資格審査と執務審査が、全役人に強制されるようになり、役人の責任追及システムは徹底するのである。さらに同じころ、民会での動議提案者（役人とは限らない）も場合によってはある種の資格審査を義務づけられることになり、演壇での発言にも重い責任が課せられるようになった。ペロポネソス戦争の最中に、軽薄な発言者の動議に民衆が振り回されたことへの反省であろう。

また確たる年代を特定することはむずかしいが、贈収賄に対する一連の処罰法規が制定されていったのも、前五世紀末のこの時期にかけてのことと推測される。

キモンの話の際に多少言及したが、元来古代ギリシア社会においては、贈与互酬の価値観、すなわち人からものをもらったらそれと同等のものをもって報いるべきであるとする観念が伝統的に根強かった。「贈り物」を意味するギリシア語ドーラは、本来うるわしいニュアンスを含むものであった。ところが時代が下るとともにこのことばは、「賄賂」という唾棄すべき犯罪行為をも指し示すようになってゆく。このように贈収賄という行為をめぐっては、これを悪と見なすか否かについて二律背反的な価値観が併存していたのである。贈与慣行がいまでもさかんな日本の状況と、ある程度似通っているかもしれない。この種の行為を明確に犯罪行為として規定し、それに訴訟手続きを用意し、法によって刑罰を科すという試みは、だから、民主政の発展の一つの結果として比較的新しい時期になってようやく実を結んだのではないかと考えられるのである。

たとえば法廷買収罪関連法とでも呼ぶべき法が制定されたのは、この前四〇三／二年前後と推定される。その規定によれば、民衆裁判所その他の法廷の裁判員を訴訟当事者が金品で買収し、判決を金で左右するような犯罪行為は、特別の訴訟手続きに従って裁かれる。この種の贈収賄罪が死刑をもって罰せられたことは、さまざまな史料から確実と思われる。また例の執務審査でも、役人の収賄が摘発対象になったことは前述したとおりである。その他一連の贈収賄対抗諸制度とも言うべきものが、このころまでに完成したことは確かであろうと思われる。

その後、前四世紀に入って最初の一五年ほどの間に、たてつづけに十数件もの贈収賄事件の告発があいついだ。このことはおそらく、それに先行する前五世紀末にこのような贈収賄対抗諸制度が整備されたことと無関係ではあるまい。以前には法の網をくぐり抜けていた贈収賄行為も、法制度の整備によって法的な摘発の対象となったのである。

2　「素人役人」の条件

役人に要求された資格とは

以上の見とおしのもとに、アテネ民主政はふたたび動き出した。だが当然のことながら、新しい民主政は再建当初から大小さまざまな課題に直面せざるをえなかった。その一つが、行政のアマチュアである役人にどのような資格を求めるか、という問題であった。民主政再建からしばらくの間、この問題は毎年の役人の資格審査という場で、たびたび市民の熱を帯びた議論を引き起こすことになったのである。

資格審査とは、すでに言及したように役人が就任するに先立ってパスしなければならぬ審査であり、このたびの民主政再建にともなってすべての役人に義務づけられることになった。審査の手続きの詳細は、伝アリストテレス『アテナイ人の国制』五五章の記述から知ることができる。それによれば、九人のアルコンは評議会と民衆裁判所の双方で、またそれ以外の役人全員は民衆裁判所で、それぞれ審査を受ける。審査にあたって役人就任予定者は、まず「あなたの父は誰で本籍区はどこか、また父の父

資格審査事例一覧

	年代 B.C.	法廷弁論	被　告	就任予定役職	告発理由
a	403以降	リュシアス弁論31	フィロン	評議員	1)前403年の政争から逃避し、民主政回復の戦いに参加せず 2)その混乱に乗じて窃盗 3)母親虐待
b	399ごろ	同25	名不明	不明	三十人政権との協同
c	394–389	同16	マンティテオス	評議員	三十人政権下での騎兵勤務と同政権との協同
d	382	同26	エウアンドロス	アルコン	1)三十人政権下での騎兵勤務 2)同政権下での評議員 3)同政権下での暴政に加担

は誰か、また母は誰か、また母の父は誰でその本籍区はどこか」(同章三節)と審問される。要するに本籍と市民権を確認するのである。そのほか、神々をきちんと祀っているか、家族の墓はあるか、両親を扶養しているか、国家に負債はないか、兵役の義務を果たしているかが問われる。そのあとで証人が呼ばれ、本人の申し立てに異議のある者があれば告発を受けつける。もし係争が起こった場合には、通常の裁判と同様に民衆裁判所で審判が行なわれるのである。

問題は、この役人の資格審査の目的が何であったかということである。公務員試験のようなテストが課されなかった当時にあって、アテネの行政は、くじにあたりさえすれば市民権の保有以外には、なんらの能力ないし適性をも問われぬ素人役人に委ねられていたのか。それともこの資格審査によって、抽選でまぎれ込んだ不適格者を排除することではじめて民主政は健全に運営されたのか。再出発した民主政において、市民たちは役人としての資格に何を求めたのだろうか。

同性愛は公職追放か

この問題を解くための絶好の手がかりが、当時の法廷弁論の形で残されている。アッティカ十大弁論家の一人であるリュシアスが代作した四つの弁論がそれである（右頁表参照）。どれも資格審査における係争事件のために書かれたもので、そのうちわけは原告（つまり被告には役人となる資格なしとして告発した側）のために書かれたものが二つ、被告（役人就任予定者）のために書かれたものが二つである。いずれも民主政再建直後から二〇年ほどの間に起こされた事例であり、それ以降のものは一つもない。ということは、役人の資格として何が要求されるのかという市民たちの問題関心は、前四〇三／二年の民主政の再建と密接に結びついていたものらしい。

これらの弁論を詳細に分析すれば、原告が被告のどういう行動ないし資質を、役人には不適格だとして非難しているのかが鮮明にわかる。もちろん、そのなかにはいわれのない誹謗中傷も含まれているのだが、被告の弁明もよく読み込むならば、被告でさえも認めざるをえない役人としての適格性というものが、浮き彫りになってくるはずだ。

そこであきらかになるのは、資格審査の第一の目的は、役人就任予定者が市民権を完全に保有しているかどうかを審査することだったということである。父や母の素性を問いただすのは、両親ともにアテネ市民であることの確認である。だが注意せねばならないのは、完全な市民権保有にはこれだけの条件ではなお不十分であったことだ。神々を敬っていること、両親扶養・兵役・納税などの義務を果たしていること、その他一人前の市民として行なうべきことを怠っていないことなど、じつに広い範囲の条件が必要であったのである。事例aにおいて、被告が母親を虐待したことが問題になっているのは、両親を虐待・遺棄する者は公民権喪失の刑に相当すると考えられていたからである。

またたとえばつぎのような法は、性をめぐるある種のモラルが、市民たるべき資格要件として要求され、それゆえ役人となる者にも求められていたことを物語る。それは、同性愛による売春行為を行なった者は公民権喪失の刑に処するべきことを命ずる法である。

もしアテネ市民にして何びとかが同性愛による売春を行なった場合、彼はアルコンになることはできない。また神官職を務めることもできず、また国家のため公選訴追人になることも、また国内外を問わず、抽選によるものであれ選挙によるものであれ、いかなる役職にも就いてはならない。また伝令として派遣されてはならず、また動議を提案してもいけない。また国家の祭儀に参加してはならない。また公的に顕彰を認められて栄冠を授与されることも許されない。またアゴラのなかの聖別された区域に立ち入ってはならない。もし売春したことについて有罪の判決を受けながら、これらの事項に違反した者があれば、死刑をもって罰せられるべきこと。（アイスキネス『第一弁論』一九―二一）

注意すべきは、ここで罪とされるのが同性愛そのものではなくて、金銭を目あてにそれを行なう男娼行為だということである。同性愛自体はのちの西欧近代の価値観とはことなり、古代アテネでは少なくとも国家による処罰の対象とはならなかった。むしろ一部の知識人は――たとえばプラトンのように――それを徳育の有効な手段として賛美していた。

ここで注目したいのは、男娼行為を行なった者が、役人就任を拒否される以前に、全面的に公民権喪失の刑に値するとされていることである。それはこの法文自体の内容からあきらかだ。とくにアゴラのなかの聖別された区域うんぬんの規定は、このような行為者が一種のけがれをもつ者として公民権を停止されたことをはっきりと示す。要するに、男娼行為者は公民権を喪失しているがゆえに、つまり市民にあるまじき行為をしたがゆえに役人就任を拒否されたのである。完全な市民権を保有するということのなかには、このように多様な内容が含まれていたのである。

民主政への忠誠

だが民主政再建直後というこの時期において市民たちは、たんなる完全市民権保有ということ以外にも、役人の条件についてある重大な関心を抱かざるをえなかった。それは、将来役人となる者が、もしひそかにふたたび民主政を転覆する一派と気脈を通じていたら、たいへんなことになるという危惧であった。

少なくとも民主政再建後しばらくの間における資格審査の第二の重要な目的とは、役人就任予定者が、民主政に対して忠誠であるかどうかを調べることであったらしい。それは、つぎのような推理からあきらかとなる。

リュシアスの弁論に現れる四つの事例では、被告は全員かつての三十人政権とのかかわりを疑われ、寡頭政権に積極的に協力していたか、あるいは民主・寡頭両派の内戦から逃避し、三十人政権時代に亡命せず市内に留まっていたとして告発されている。他方被告は、自分が寡頭派の暴虐には直接手を貸しておらず、民主政に対する忠誠心は他にいささかも引けを取るものではないと反論している。もとより事実関係がどうであったかは不明である。だがここではっきりしているのは、原告・被告双方とも、民主政への忠誠心に欠ける者は、役人任官を拒否されてしかるべきだという共通の認識のうえに立って議論していることだ。この事実は争えない。

もしこれらの資格審査において、被告の三十人政権時代の政治的行動を告発することが、大赦令や和解に違反する行為だったとすれば、被告はすすんでそのことを指摘し、自己の正当な権利を主張したはずである。ところが被告側の弁論（bとc）を見る限り、被告はそのような抗弁を一切行なっていない。彼らは、ひたすら自分は寡頭政権と無関係であり、民主政に対していかに忠誠であるかを強調し、また寡頭政の悪虐に実際に手を貸した者とそうでない者とを厳密に区別するよう訴えるのみである。これは逆に、民主政に忠誠心をもたぬ者は資格審査で任官を拒否されるべきであるということを、被告みずからが認めていることを意味する。

したがって、既往は問わずという大赦令を一方で厳守しながら、他方でアテネ市民は、民主政の再出発というこの重要な時期において、やはり抽選によってまぎれ込む反民主的分子に無関心ではいられなかったと結論することができるのである。

つまるところ、役人になるには専門技能や適性以前に、まず民主政アテネの市民としての適格性を問われたのだ。この資格審査という一見地味な制度をとおして、市民たちは再建されたばかりの民主政を一つの方向から防衛しようと意図したのである。

ソクラテス裁判との符合

本題から多少話がそれるが、以上に述べたこととの関連ですぐ思いあわされるのが、すでに何度も触れた前三九九年のソクラテス裁判である。

ソクラテスがなぜ裁かれ、そして死刑になったか、また彼がなぜ従容として死に就いたのかという問題は、歴史上の問題というよりもむしろ哲学者や思想家たちの関心を再三引きつけてきた。ソクラテスという人物のどの側面に焦点をあてるかによって、その答え方も多種多様であることは言うまでもない。だが彼を一人の市民としてアテネ民主政史の文脈のなかに位置づけるならば、ソクラテス裁判が、資格審査による公職追放がこのようにさかんに行なわれていた時期のさなかに起こされたという事実は興味を引く。さきにも述べたとおり、彼の哲学の弟子のなかには三十人政権の首謀者となった者が含まれていたのみならず、彼自身同政権支配下のアテネ市内に留まっていた経歴があった。彼がこの時期に訴えられ処刑された理由は、政治的に見れば、彼のこうした経歴が寡頭派寄りと見なされたということに求められる。彼が民主政のあり方について日頃から辛辣な批判を行なっていたことも、嫌疑を被るに十分の根拠となった。

もちろん大赦令により、首謀者をのぞき寡頭派市民の罪は問われないはずだ。ましてソクラテスは積極的に寡頭派として活動したわけではない。むしろ彼自身の弁明によれば、三十人政権が反対派の市民を逮捕・連行するよう命じたとき、彼はこの命令に背いて家に帰ってしまった。はっきりと非協力の態度を貫いたというのである。そしてもしこの政権が長続きしたら、自分もまちがいなく彼らに逮捕されて殺されただろう、と陳述している。

だから、彼が市内に留まっていたからといってそれを罪に問うことは、大赦令に違反するがゆえに法的に不可能であった。だが大赦令が遵守された一方で、市民たちの間にわだかまっている寡頭派への恨みが、そうやすやすと解消しなかったであろうことは容易に想像される。表立って復讐を果たせなかったかわりに、彼らは変形した手段でそれへの代償行動に出たのである。寡頭派とのかかわりが少しでもあきらかな市民を、資格審査によって公職から遠ざけようとしたのがその一つだ。そしてまた、「国家公認の神々を崇めず、新奇な神格を導入し、また青少年を腐敗堕落させている」という、一見政治とは無縁な不敬神という罪状でソクラテスを訴えたのも、基本的には大赦令に抵触せずに、三十人政権との縁がわずかでも疑われる者を抹殺しようという意図によるものだろう。それゆえ、資格審査によって反民主的分子(と見なされた者)が公職追放されたことと、ソクラテス裁判とは、同一の文脈に由来するものだと考えられるのである。

ソクラテスを告発した人物たちのなかで主導的な役割を果たしたとされるのは、アニュトスという政治家であった。彼は前述のアルキノスらと同様、中間派に属する指導者である。中村純氏の考察によれば、彼がソクラテスを告発した意図は、三十人政権の首魁であったクリティアスと近しかった者を一掃することだったという。クリティアスはかつてソクラテスの知的サークルに出入りしていたことがあった。ソクラテスやその弟子たちには不当きわまりない裁判であったろうが、民主政再建に力を注ぐ市民たちにしてみれば、ふたたび民主政が転覆されぬように、あらゆる手段が取られるべきだと考えられたのである。

3　司法のアマチュアリズム

不正防止の努力

もう一つ、民主政再建以後大きなさまがわりを経験したのが、民衆裁判所である。法の優位が確認されたことによって、場合によっては民会決議をも覆す力を与えられた民衆裁判所は、このとき以降前四世紀なかばまでに、さらにその制度を充実させる。そして、司法への民衆参加がいっそう徹底するとともに、裁判における不正を防止するための努力がしつこいほどに払われ続けるのである。

抽選によって選ばれた裁判員が複数の小法廷に分かれて組織する民衆裁判所が成立したのは、エフィアルテスの改革のころであった。前五世紀後半にはおそらく部族ごとに一〇の裁判員団が編成されたが、この当時はそれぞれがそのまま一つの小法廷となり、そのメンバーも主宰役人も一年間不変であった。各役人ごとに扱う訴訟の種類は決まっている。ところが、これが派手な裁判員買収の温床になってしまう。なぜならこのような編成方法では、訴訟当事者は自分の裁判を担当する法廷の裁判員の顔ぶれをあらかじめ知ることができ、彼らに金を握らせることが可能だったからである。

この不正を防止するために市民がしぼった知恵と努力には、涙ぐましいものが感じられる。それは不正とその予防とのいたちごっこではあったが、アテネ市民はけっしてその努力を放棄することはなかった。

その結果まず前四〇三／二年の民主政再建にともなって、裁判員団を裁判ごとにそのつど抽選によって法廷に割りあてる方法が導入された。これで訴訟当事者は自分の裁判を担当する裁判員団を事前に知ることが不可能になったが、各裁判員団内の顔触れはあいかわらず不変である。あらかじめいくつかの裁判員団を買収しておき、さらに法廷割りあての抽選をなんらかの手段で誘導すれば、お目あての裁判員団に自分の裁判があたるということも十分可能である。そこで前四世紀後半には、おそらく確率論から言ってどのような事前の買収工作もむだに終わるであろう、きわめて複雑かつ厳正な抽選手続きが法廷編成に用いられるようになった。その手続きは、伝アリストテレス『アテナイ人の国制』六三—六九章に詳述されている。つぎにそのあり方を見てみることにしよう。

法廷の編成手続き

裁判が行なわれる日の朝。まず裁判員たちは、裁判所の部族ごとの入り口のまえに集合する。先述のとおり、裁判員全員が集まって一つの事件を裁くのではない。公法上の訴訟は五〇一人、私法上の訴訟は二〇一人がそれぞれ一つの小法廷を構成するのである。その編成手続きが故意にきわめてややこしく作られているのだ（二一九頁図参照）。

たとえばかりに、この日は公法上の訴訟合計六件を裁くと想定してみよう。各法廷は五〇一人の裁判員で構成され、それが六法廷必要となるから、端数は切り捨てるとして審理に必要なこの日の裁判員の合計は三〇〇〇人。それ以上の裁判員が当日集まった場合には、余分な人数だけふるい落とす必要が生じる。そこでまずこのための抽選が行なわれる。

まえに説明したように、裁判員は各自、身分証とも言うべき名札を携帯しており、これが部族ごとの入り口に二個ずつ置かれている抽選器《クレロテリオン》の穴に無作為に差し込まれる。抽選器とは大理石製の角柱状のもので、正面に名札を差し込む穴が縦に五列、整然と並んでいる（二一七頁図参照）。つぎに担当の役人が抽選器から黒と白のサイコロを一個ずつ出す。白のサイコロが出れば、差し込まれた名札の横最上列五名、抽選器二台分で合計一〇名が一度に当選する。黒が出ればつぎの横一列一〇名は落選で、彼らは本日お役御免となる。この抽選を、当日必要な人員がすべて当選するまで続けるのである。

当選した三〇〇〇名の裁判員はつぎに、六つの法廷の各々に分属させられるための抽選を受ける。彼らは一人一人、各法廷を表すアルファベットの文字が刻まれているくじを引き、それぞれ自分のあたった法廷におもむく。こうすることによって、各法廷の構成メンバーは、そのつどまったくランダムに選ばれることになるわけである。

最後に各法廷が、当日裁かれる六つの訴訟事件のうちどれを担当するかについて、組みあわせ抽選が行なわれる。これら三重の抽選をへて、はじめて各裁判員と、その担当する事件との組みあわせが決定する。したがって、どの裁判員がどの事件の審理を担当するかは、開廷直前になってみないとまったくわからないしくみになっているのである。

これだけ執拗に抽選手続きを繰り返して法廷を編成した場合、事前に訴訟当事者が法廷を買収することは、数千人いる裁判員全員に金を配りでもしない限り、おそらくまったく不可能であっただろう。かりに彼らのうち五〇〇人に金を配っても、その買収された五〇〇人が運よく全員自分の裁判の法廷に配属されるという事象が起こる確率は、限りなくゼロに近い。

この編成手続きについてここまで一読して、すぐにその全容を理解できる読者は少

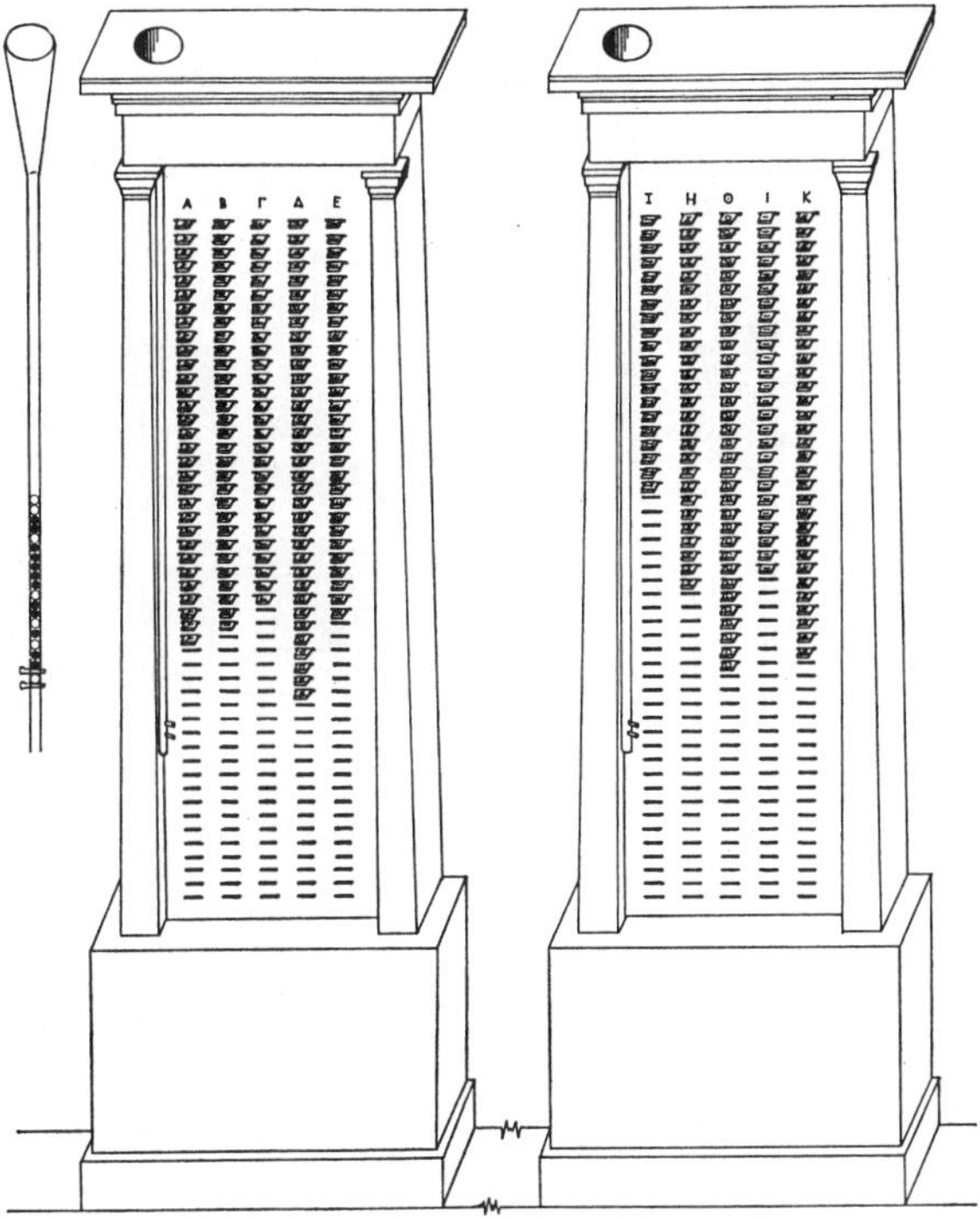

抽選器復元図。S・ドー（1939）による

ないのではあるまいか。実際、法廷買収を不可能にするためには、簡単にはのみこめないほどに抽選手続きを複雑にする必要があったのであろう。慣れない裁判員であれば彼自身よくわからぬまま、あれよあれよというまに抽選が進められ、気がついたらある法廷の裁判員席に座らされていた、ということもよくあったのではないか。そしてそれこそが、このような制度を作り上げた側の意図したことだったのだろう。このようにして、めいめいの裁判員は、席についてはじめてその日の訴訟事件の当事者とあいまみえることになるわけである。

民衆裁判の原理

このような民衆裁判所の精緻に——というよりほとんど強迫観念的に——発達した制度が意味するものは何であろうか。

かりに「民衆裁判の原理」とでも言うべきものが、これらの制度のなかに読み取りうるとしよう。その場合第一に引き出されるのは、「少数の者ほど腐敗しやすく、逆に裁き手が多いだけ公平に近づく」とする考え方であろうと思われる。事件の重大性に従って、裁判員の数を一〇〇〇人、一五〇〇人、と増やしてゆくやり方がまずこのことを裏づけるだろう。逆に、少数の司法官僚のような専門家が永続的に裁判官の地

法廷編成手続きの一つの想定例（端数切り捨て）
公法上の訴訟6件を6法廷（各500人）で審理する場合（前4世紀後半）

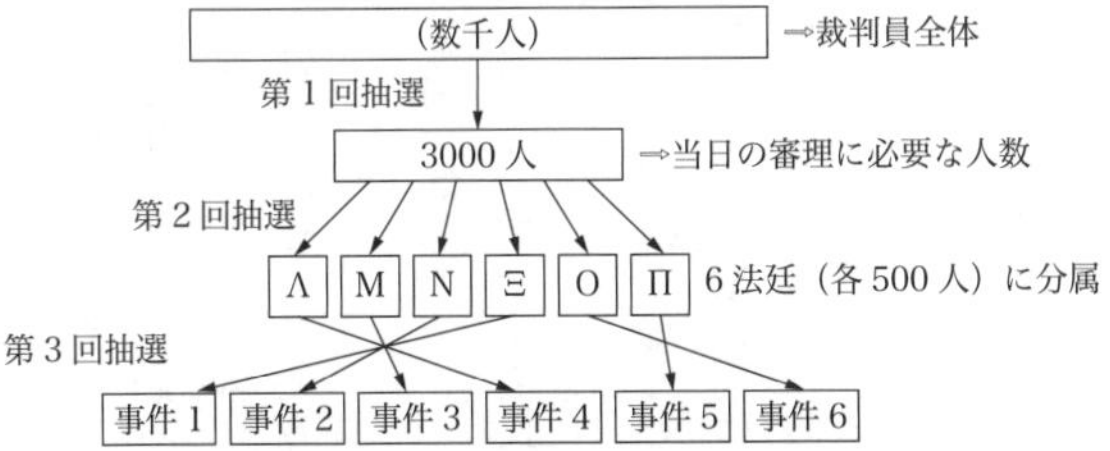

各法廷と訴訟事件との組みあわせ抽選

位に就くのは、彼らを容易に腐敗させると考えられていたらしい。

第二に指摘できるのは、シャッフルの原理とでも言うべきものだ。執拗なまでに抽選を繰り返す方法がそれである。多くの裁判員のなかにはいろいろな人間がいるはずだ。簡単に情実に左右される者も、またすでに買収された者もいるかもしれない。非常識な考えの持ち主も混じっているだろう。しかし裁判員全体を――あたかもトランプのカードをシャッフルするように――よくかき混ぜて、そこから抽選で裁き手を選ぶならば、不公正な要素も希釈されるだろう。バスタブの水に一滴インクを落としてかき混ぜるようなものだ。これが第二の原理と考えられるものである。

これに対して裁判を少数のエリートに任せ、彼らにつねに審理を担当させるという方法の危険性は測り知れない。なぜなら、もしたまたま彼らが買収の誘惑にそそのかされたり、偏向した考え方に傾いたりする人間であった場合――そしてその可能性は人間である以上十分疑いうるのだ――、彼らだけに裁判を永続的に委ねることがもたらす害悪は、恐るべきものとなるからである。それにくらべれば、この「多数公平」と「シャッフル」の原理のほうがはるかに信頼できる。これが、アテネ市民の民衆裁判に寄せる考え方であったと想像できるのである。

「素人裁判」は危険？

以上のようなアテネの民衆裁判を、素人が集まって行なう危険な裁判ではないかと感じる読者も多いかもしれない。自分が裁かれる立場に置かれたら、こんな群衆裁判なぞこわくてごめんだと考える人もあろう。

事実アテネの民衆裁判は、すでに同時代の哲学者から厳しい非難を浴びていた。ソクラテスはこともあろうに自分の命のかかっている裁判の法廷で、民衆裁判を侮蔑するような発言をし、裁判員の心証を悪くして死刑の判決を受ける。師をこのようにして喪ったプラトンは、裁判員の抽選制を厳しく批判し、上級審では専門教育を受けて厳正な試験に合格した職権裁判官を導入すべきだと主張した。

この批判は、基本的には近代にまで引き継がれる。つまり、アテネの民衆裁判所においては近代の陪審制とことなり反対尋問《クロス・イグザミネーション》も認められず、また裁判員どうしの議論もなく、せいぜい一日程度の審理で一審かつ終審の判決が下される。はなはだ頼りない審判である。さらに、多くの裁判員は法律の専門技能に欠けた素人で、彼らの判断を動かすのは非合理な情実である、という批判である。

だがここでも忘れてならないのは、ポリス社会が、現代とは基本的に性質のことなる世界であったということである。われわれとは全然ちがう人生観をもつポリス市民の民衆裁判を、現代の価値観から一方的に断罪しても意味はない。そもそも「法」「正義」「裁判」といったものに対するアテネ市民の考え方が、西欧近代のそれとはまったく異質な前提のうえに立ったものであるということは、とくに近年しばしば指摘されるところである。

重要なことは、アテネ市民たちがこの民衆裁判の原理をあくまで信頼していたらしいということ、少なくともこれに代わるものを見いださなかったことである。プラトンら一部の知識人の批判にもかかわらず、アテネの民衆裁判の制度は、前四世紀に入ってますます緻密化してゆく。そしてアテネ市民たちは、司法を専門家に委ねるというプラトン流の考え方を、ついに民主政が廃止されるまで拒絶し続けた。

さらに、アテネの民衆裁判が「素人裁判」と非難される場合、その「素人」の中身が現代人の考えるものとはかけはなれたものであったことを考慮すべきである。ポリス市民はわれわれの想像以上に政治意識が高く、また自律的な市民であった。またそうであることを理想とした。生産労働に専念するのは奴隷や在留外人にふさわしいとされ、政治や軍事そして裁判に参加できることこそ、市民の特権であり名誉であった。だから彼ら本来の仕事とは、ポリスの公務に従事することにほかならない。この点において、ポリス市民は近代ブルジョワジーと決定的にことなるのである。彼らを現代的な意味で政治や裁判の素人と断定することは、たいへんかたよった見方であると考えざるをえない。

逆説的なようだが、民衆裁判にあれほど批判的なプラトンも、司法に市民たちが幅広く参加すること自体を悪いことだとは考えていない。彼はつぎのように述べる。

国家に対する罪を告発するにあたっては、まず大衆が裁判に参加することが不可欠である。なぜなら、もしだれかが国家に対して不正を働くならば、被害当事者とは市民全体のことであるし、もし彼らがこのような犯罪の裁判に何の参加も許されないならば、憤るであろうことは無理もないからである。ただし、そのような手続きの最初と最後は民衆に委譲されねばならないが、審理は原告・被告双方が同意する三人の最高位の役人に委ねられるべきである。……しかしまた私法上の訴えにおいても、できうる限りすべての市民が裁判に参加すべきである。なぜなら、裁判に参加する権能にあずからぬ人は、自分が国家の一員であるとは全然考えないからである。

（『法律』七六七E―七六八B）

つまりプラトンは、一方で裁判官の職権主義を主張しながらも、他方条件つきで裁判への民衆参加を不可欠であると認めているのである。彼はあくまで裁き手の資質や教育程度を問題にするのであって、民衆参加の原理そのものを否定しているのではないようだ。

司法への民衆参加は、このようにプラトンでさえときに高く評価せざるをえない価値観であった。そしてそれは、アテネ市民の大多数が支持し、納得していた原理であった。だからこそ彼らは民衆裁判所の判決に服従したのだろうし、裁判員の名札をふところにして毎日のように法廷に通ったのだろう。彼らが容易に司法のアマチュアリズムという原則を放棄しなかったのも、このような価値観に支えられていたからであった。民主政再建後前四世紀後半にいたるまで、数度にわたって行なわれた民衆裁判所の制度改革は、彼らがその価値観の実現に一貫して取り組んだ成果であった。

第六章　たそがれ

1　ある市民の風貌

とになる。

安定した民主政へ

復活したアテネ民主政は、以後およそ八〇年にわたって、安定した歩みを続けることになる。

たしかに前四世紀に入ってからのアテネは、国際政治の舞台における主役の座をすでに追われていた。なお有力ポリスの一つにはちがいないものの、軍事力を背景に他国を強制的に従わせるという意味での国力を、アテネがふたたび以前の勢いにまで強めることはできなかったのである。ギリシア世界の覇者の地位は、まずペロポネソス戦争の勝者であるスパルタに移ったが、前三七一年レウクトラの戦いでスパルタが敗北したのちにはテーベに譲られる。だがそのテーベの覇権もほぼ一〇年で没落した。その間アテネは、第二回アテネ海上同盟を結成して往時の栄光をふたたび手にしようと試みる。テーベ失墜後、アテネの国際的地位は相対的に高まったが、やがて前三五七年には同盟国の反乱を招き、復権の企ても水泡に帰した。

しかし国内の状況に目を向ければ、アテネがむしろかつてない成熟と充実の時代を迎えていたことはあきらかである。まず経済の復興がめざましかった。海外貿易はふたたび活況を呈し、ギリシア屈指の商工業国としての繁栄を取りもどした。農業生産も増大し植民活動もなお活発で、また国内では建築事業がさかんに起こされた。一方民主政のシステムは、新しい秩序のもとで、これといった激しい政変を経験せず、静かに精緻なものに高められてゆく。第三章で見た諸制度はますます整備されこそすれ、全体としてはけっして衰微する気配はなかった。それらの完成された姿は前四世紀末にアリストテレスとその弟子たちの目に触れ、『アテナイ人の国制』四二章以下にくわしくルポルタージュされることになる。民衆裁判所の複雑な制度もその一つだ。

いま一つ例をあげよう。民主政再建以後、前述のように民会議場が二度にわたって改修・拡張され、それに従って民会への市民参加が以前より増大していった事実は見逃せない。次頁の表に示すとおり、成年男子市民の総数は時代が下るとともに減少するにもかかわらず、民会議場の収容人員は増大している。ハンセンは、前四世紀に民

民会議場の面積と収容人員の変化

	面積（m^2）	収容人員（人）	成年男子市民数（人）
プニュクス第Ⅰ期 （前460‐前400年ごろ）	2,400	6,000	前432年ごろ 35,000～45,000
プニュクス第Ⅱ期 （前400‐前340年ごろ）	2,600	6,500	前400年ごろ 20,000～25,000
プニュクス第Ⅲ期 （前340年以降）	5,550	13,800	前313年 21,000

（M. H. Hansen, *The Athenian Assembly: In the Age of Demosthenes*, Oxford 1987, p. 17; V. Ehrenberg, *The Greek State*, 2nd ed., London 1969, p.31より）

会への出席者ないし出席希望者が増え、それにあわせて議場も大きく作りかえられたのだと解釈する。つまりペリクレス時代よりもむしろその一〇〇年後のほうが、民会参加のレベルは上昇しているのだ。

たしかにデロス同盟の解体は、アテネに財政窮乏をもたらした。にもかかわらず、民会に出席する市民たちに日当を与える制度ができたのは、前四〇三／二年の民主政再建直後のことである。しかもこの民会手当は、前四世紀に入ってから段階的に引き上げられさえする。民会参加者増加の背景に、この民会手当の導入があったことは確かだろう。いずれにせよ結果的に市民の間で民主政への参加意識が高まっていったことは否定できない。また観劇手当が導入されたのも、異論はあるが前四世紀なかばとする説が有力である。

一九世紀以来の学説では、天才的な指導者を喪失した前四世紀のアテネ民主政は、長い衰退過程に入ったものとされてきた。近代歴史学がこの時代のアテネに対してとってきた態度は、はなはだ冷淡である。その理由はいくつかあるが、少なくともつぎのような背景事情があることは確かだろう。すなわち、ナショナリズムが幅をきかせていた一九世紀の歴史学者たちは、列強間の競争に敗北しもはや超大国でなくなったアテネには、何の魅力も感じなかったのである。彼らにとってアテネに限らず前四世紀のギリシア史とは、ペリクレス的栄光に彩られた前五世紀と、アレクサンドロス大王の輝かしい東方遠征に始まるヘレニズム時代との間の、色あせた哀愁を帯びる谷間の時代であったのだ。W・エーダーによれば、それは「余白としての存在」としてほとんど顧みられることなく、「ポリスとアテネ民主政の偉大な時代のあとに訪れる嘆かわしいエピローグか、さもなくばギリシアの民族的統合とヘレニズム支配の光輝に満ちた時代に至るまでの、だらだらとしたプロローグとしての役割」しか認められてこなかった。このような考え方の枠組みを再検討しようとする議論がさかんになりだしたのは、ようやく最近のことである。

話をアテネに限れば、なるほど前四世紀の政治の場面から、ペリクレス級の傑物が姿を消してしまったことは事実だ。三十人政権打倒と民主政再建という事業も、一人の立て役者ではなく、数多くの指導者たちの手によって達成されたものであった。いうなればそれは、これといった一人の主人公がいない群衆劇であり、それ以後の政治も基本的には同様のスタイルで動いてゆく。もちろん民主政再建の功労者として、トラシュブロスやアルキノスなど何人かの名前をあげることは可能である。しかしその功績は、そのうちのだれか一人だけに帰されるものではない。彼ら指導者たちの多くは、前四二〇年代から頭角を現してきた新しいタイプの政治家の流れをくむものであった。つまり、古くからの血縁・門閥関係に頼らず、民会での弁論を主要な武器として政策決定に参加してゆく政治家たちである。彼らのめいめいが政治グループを作り、離合集散しながら演出していったのが、前四世紀アテネの政治であったのだ。

こうした状況を従来の考え方にそって、英雄不在の、小物ばかりが目先の利害で政治を牛耳る嘆かわしい時代と評価するのはたやすいだろう。しかし反面、それは一人の傑出した英雄の存在を許さないという民主政の原理が徹底した結果であると考えることもできる。ミルティアデスやペリクレスの弾劾裁判以来、おりにふれて何度も市民たちの自覚してきたこの原理が、ここに至ってようやく完成に近づいたのだと見るほうが、より現実に適合的であるように思われる。人治から法治へと支配の原理を転換させたアテネの民衆は、ペリクレスのようなカリスマ性を備えた人格をもはや必要としないほどに成熟したのだとも言えよう。

このような前四世紀に生きた政治家の一つのプロフィルを、つぎに探ってみよう。

一枚の碑文から

アクロポリスの丘を南側に降りて、現在のジオニシウ・アレオパギトゥ通り（古代のトリポデス通り）をだらだらと東に下って行く。まもなく左手に古代の劇場跡が見えてくる。ディオニュソス劇場跡である。

アクロポリスのうえがいつも観光客でにぎわっているのに対し、この遺跡はあまり人けもなくひっそり静かだ。赤や青の大理石を美しく畳んで造られた半円状のオルケストラ（歌舞場）と、それを扇形に囲む観客席からなるこの劇場は、いまに伝わる数々のギリシア古典演劇を生み出した由緒のある遺跡だ。酒の神ディオニュソスに捧げる大ディオニュシア祭などの祭典には、ここで上演される悲劇・喜劇を見物に多くの市民たちが集まってきたはずである。

さてこの劇場の周辺には、いまでも祭典に関係あると思われる碑文がごろごろと転がっている。一九九五年に私がここを訪れたとき、観客席に向かって右側の空き地で、ふとした拍子に目に止まった碑文もその一つだ。何かの台座と思われる長さ一メートルほどの灰青色直方体の大理石に、三行ほどの短い碑文が刻まれている。天地逆にひっくり返された姿勢で無造作に置かれていた（写真参照）。文字に欠落はなく、判読は容易である。それはつぎのように読めた。

テュマイタダイ区メネクレイデスの子フォルミシオスは、
ヒッポトンティス部族とアイアンティス部族代表の合唱隊奉仕者として、
合唱競技成人の部において優勝した。アテネ人ディオフォンが合唱を指導した。

さらにその下には、四行目の上縁部がごくかすかに残っているのが認められたが、満足に読める文字はほとんどなかった。

後日調べたところ、この短い碑文は、アテネ市内で発掘された後世の建築物の敷居に転用されているのを発見されたもので、一九八九年にこの場所に移されたものであるという。碑文学者A・P・マッセウの復元によれば、最後の四行目には「テゲア人のカリクレスが笛の伴奏を行なった。ピュテアスがアルコンの年であった」と刻まれていたらしい（『ギリシア碑文補遺』四一巻、一九九一年、一四二）。四行目の欠けがひどいのは、おそらく後世転用されるときに切断されたか削り取られたからであろう。

合唱隊奉仕

そもそもこの碑文は何を伝えようとしたものであろうか。まずいくつか説明が必要だろう。アテネにおいて、年に何度かの祭典で催される悲劇・喜劇の上演および合唱競技は、民主政への参加の一つの形態として非常に重要な行事であり、そこで市民たちが共通の感動に浸ることは、ポリス共同体意識の高揚にとって不可欠なことと見なされた。ゆえに国家は、観劇手当を払ってまでも市民に演劇を鑑賞させようとしたのである。

フォルミシオス碑文とその模写

演劇や合唱競技に出演する合唱隊《コロス》を募集し、衣裳を調達してやり、練習場を提供するには莫大な費用が必要であった。アテネ民主政は、金のかかるこのスポンサー兼プロデューサーの役目を、一定以上の財産をもつ富裕市民にほぼ強制的に割りあてた。これが合唱隊奉仕《コレギア》と呼ばれる公共奉仕《レイトウルギア》であり、その役職を合唱隊奉仕者《コレゴス》という。この役目を立派に果たすことは、名望家としての富裕市民の義務であった。

ちなみに公共奉仕には、このほかに三段櫂船奉仕《トリエラルキア》と呼ばれるものもあった。これは軍船の艤装一切を私費で整えたうえ、さらにみずからも船長として軍船に乗り組むという務めである。どちらの公共奉仕にせよ、富裕者に重い財政的負担を課して富の配分の均衡を図るアテネ民主政のしくみの一端であった。

さて合唱競技では、部族ごとに成人または少年の合唱隊が組織され、歌声と舞踊の優劣を競いあう。それら各合唱隊に一人の合唱隊奉仕者が割りあてられた。彼らは部族の誇りにかけて、私財を惜しまず投じて合唱の技を練り上げたのである。だから自分の合唱隊がこのコンテストで優勝することは、合唱隊奉仕者として最高の名誉だった。実際、この役目をふりだしにして政治家への道を歩みはじめるケースも少なくなかった。

この碑文はその内容から、毎年タルゲリオン月（五月後半——六月前半）の七日にアポロン神に捧げられるタルゲリア祭において、合唱競技成人の部で優勝した合唱隊奉仕者フォルミシオスと、合唱歌を作り合唱の練習指導も務めた詩人ディオフォンをたたえる優勝記念碑の一部であると判断される。

なぜこれがタルゲリア祭のものと断定できるか。合唱隊が出演する祭典は、大ディオニュシア祭をはじめとしてほかにもいくつかあった。だがこの碑文で注目される特徴は、一人の合唱隊奉仕者が二つの部族を代表している点である。これはタルゲリア祭に固有のやり方なのだ。これと同種の碑文はほかに何枚か知られている（『ギリシア碑文集成』一巻三版九六三―九六六。二巻二版三〇六三―三〇七二）。それらと同様、この碑文ももとはイリッソス川右岸、今日のオリンピア・ゼウス神殿の南にあったピュティオンというアポロンの神域に建てられていたものであろうと考えられる。優勝者はこの神域に勝利を記念して鼎《かなえ》を奉納するならわしであった。この碑文が刻まれた石も、おそらくはその鼎の台座として使われたと考えられている。合唱隊は祭壇のまわりを輪になって踊りながら、ディテュランボスと呼ばれる賛歌を歌ったという。詩人ディオフォンがわざわざ「アテネ人」と書かれているのは、当時の詩人や音楽家には外国人も多かったからだ。笛伴奏者カリクレスは、遠くアルカディア地方のテゲアという町からやって来ている。

年代を推定する

碑文の字面の意味はほぼ判明した。しかしすぐにつぎの疑問がわいてくる。この合唱隊奉仕者フォルミシオスという人物は、いったい何者なのだろうか。

彼の正体をあきらかにするには、何はともあれこの碑文の年代を決定しなくてはならない。ごく一般的な常識に従えば、碑文の年代を知る決定的な方法とは、碑文そのものに年代を明示する文句を探すことだ。たとえば「だれだれがアルコンの年に」というような字句である。この碑文の四行目には「ピュテアスがアルコンの年であった」という文言が復元されているから、これが正しければ碑文建立の年代は前三八〇／七九年ということになる。

だが碑文の文言の復元はあくまでも推測である。とくにこの四行目は欠落がはなはだしい部類に属する。念のため、別の年代推定方法をも援用してみよう。それは、碑文の文字づかいおよび字体《スタイル》の特徴から推理する方法である。

アテネで通用していたギリシア語アルファベットには、新旧二とおりの文字づかいがあった。古いのをアッティック、新しいのをイオニックと呼んで区別している。後者がわれわれにもおなじみの「オメガ（Ω）」や「エータ（H）」など長母音を表す文字をもつのに対して、前者にはそれが欠落している。アテネは民主政再建を機に法改正を行ない、以後公文書はすべてイオニックを採用することになった。いわば新かな採用である。ほぼその前後から、一般の碑文の文字づかいも改められるようになった。だから碑文の文字づかいを見れば、ごく大ざっぱな年代の見当はつく。

さて問題の碑文に刻まれている文字は、乱れのないきれいなイオニックである。ゆえにその年代は前五世紀末以降であろうと推定される。さらに、年代がわかっている他の同種の碑文との比較などから、この碑文の字体はおそらく前四世紀前半のものと考えられる。「ピュテアスがアルコンの年」という四行目の復元は、この点からも補強される。

もう一つ、その年代決定に役立つもっと重要な手がかりが、碑文の内容自体のなかに残されている。それはここに名前が現れているもう一人の人物、ディオフォンという詩人である。じつはこの詩人の名前は、これと類似したもう一つの優勝記念碑文にも現れている（『ギリシア碑文集成』二巻二版三〇三七）。それは大ディオニュシア祭のもので、ここでも彼は合唱指導者としてはっきり名を刻文されている。そして幸運なことに、こちらの碑文には「ヒッポダマスがアルコンの年であった」と明記されているのである。前三七五／四年のことだ。だからディオフォンが詩人として活躍していたのは、この年の前後であったということになる。とすれば、フォルミシオスが彼とともにタルゲリア祭で優勝の栄誉に輝いてこの碑文を建てたのも、やはり同じ時期だったと推理されるのである。これは「ピュテアスのアルコンの年」すなわち前三八〇／七九年という年代にごく近い。したがって、四行目の復元はこの点からも支持されることになる。ここまでわかれば、フォルミシオスという人物の割り出し作業もあとひといきだ。

ひげのフォルミシオス

フォルミシオスという名前のアテネ市民は、この碑文のそれを別にして全部で四人ほど知られている。一人は前四一三年にシチリア遠征で戦死した市民であるから、この碑文のフォルミシオスとは時代的にくいちがう。もう一人は前三二五年の碑文に登場する人物だが、時代が遅すぎるうえに「エロイアダイ区カロイアデスの子」と明記されているからこれも別人物だと断定できる。三人目も法廷弁論断片にその名が伝わるほかは何も知られていない前四世紀末の人物であるから、やはりちがうだろう。

最後に残ったフォルミシオスは、前五世紀末から前四世紀前半にかけて活躍した比較的有名な政治家である。彼は中間派の政治グループに属し、有産者だけが政治に参加する国制を目指していた。前述のテラメネスやアルキノスに近いイデオロギーの持ち主である。三十人政権樹立前夜あたりから政治活動を始めたらしい。民主政再建に際して参政権を土地所有者のみに限定することを提案したのは、ほかならぬこのフォルミシオスだった。だとすれば、彼自身も土地財産を所有する中産階層の名望家市民であったと想定されるから、巨額の私費を必要とする合唱隊奉仕を引き受けたとしても不思議はない。また前三九四／三年にはペルシアへの外交使節も務めているが、このときはペルシア王から賄賂をもらったという風聞を立てられている。さらに前三七九／八年冬にテーベがスパルタから離反したときには、テーベ支援を主張したこともわかっている。

伝えられるところでは、彼は長い髪と鬚《ひげ》の持ち主だったという。アリストファネスの喜劇作品ではその外見がからかいの的になっている。またなぜか性交中に頓死したという、ありがたくない噂まで流された。その一方で、彼を優れた政治家として高く評価する弁論家もいる。古注釈書によると、容貌いかめしくまたエネルギッシュな人物だったそうだ。人物評が分かれるのは中間派に属する者の宿命であろう。

残念なことに、問題の碑文に現れる人物が、この政治家フォルミシオスであると断定すべき決定的な証拠はいまのところない。フォルミシオスという政治家は、このようにいくつかの場面で重要な役割を果たしているにもかかわらず、父の名はおろか所属の区も部族も全然伝えられていないので、両者を同一人物と判断する決め手がないのである。彼と同名の別人物が存在していてもおかしくはない。しかしながら現存する乏しい証拠を総合すると、碑文が建立された年代と彼が政治家として活躍した年代との近さ、そして彼が合唱隊奉仕を引き受けるに十分な資産の持ち主であったことなどから、このタルゲリア祭合唱競技優勝者が、政治家フォルミシオスである可能性はけっして捨てられないと思われる。

そのへんに転がっている石のふとした発見から、思いがけず当時の市民像にアプローチすることができた。美髯《びぜん》のフォルミシオスは、自慢のひげをなでながらこの優勝記念碑を満足げにながめていたのだろうか。もっともこの優勝が前三七九年の五月だとすれば、彼はもう五五歳前後だったろうから、そのひげにもそろそろ白いものが目立ちはじめていたかもしれない。

碑文の人物同定はともかくも、このフォルミシオスという政治家は、いま述べたようにその活躍のわりには出自も親族も一切知られていない。政界進出までのいきさつを語る史料も伝わらない。前五世紀末以降に活躍した政治家たちには、この種の人々が多い。フォルミシオスはまぎれもなく平民の出であったが、おそらく民会や評議会でのたくみな弁論によって政界に足がかりを作り、また土地財産を経済的基盤にして名望家としての地位を高め、政治家としての地歩を固めていったことと想像される。貴族の血筋を誇る名門市民だけが政治指導者となった時代は、もはや遠い過去のことである。

2　専門分化の波

政治家と将軍

フォルミシオスのように、民会や評議会での動議提案を中心に活動する政治家が主流を占めてゆく一方で、かつては国家の指導者と呼ぶにふさわしい役職であった将軍職の性格は、その後どのように変わっていったのだろうか。

かつて前五世紀には、有力な政治家とはほとんど例外なく将軍であった。本書に登場したミルティアデス、キモンそしてペリクレス、あるいは（本書では取り上げなかったが）ペルシア戦争終盤でアテネを勝利に導いたテミストクレスやアリステイデスなどの政治指導者は、同時に軍事指導者であり、将軍職の権限を用いて政策立案を行ない、それを実行した。彼らが遠征などで軍事的成功を収めることは、とりもなおさず政治家としての彼らの威信を高めることにつながったのである。前五世紀にあっては、政治と軍事、政策立案と政策実行とが、将軍である同一の人物によって体現されていたのである。

ところがペリクレスの死を契機にして、状況はしだいに変化を見せる。将軍はしだいに政治指導者としての性格を薄れさせてゆくのである。この変化は前四世紀に入ってからいっそう進展し、将軍は軍事にのみ専念するようになり、政治の次元で活躍する例は少なくなってゆく。彼らはむしろ半職業軍人に変質するのである。それにかわって政治の舞台で活躍するようになるのが、もっぱら弁論を得意とする新しいタイプの政治家たちであった。フォルミシオスもその一人である。そして、彼らが民会などで決議させた政策を、将軍たちが従順に実行するという分業の図式ができあがる。これが前四世紀における政治家と将軍との機能分化である。

このような分業の図式は、将軍に対する弾劾裁判のあり方にも色濃く反映した。このことを、もう一人の人物の生き方をとおして見てみることにしよう。そこには、ペリクレスなどとはまったくちがう将軍の容貌が浮かび上がるはずである。

半職業将軍

前三六六年。アテネはボイオティア地方との国境にある町オロポスをめぐって、ときの覇者テーベと戦った。結果は敗北、町はテーベに奪われる。オロポスを失った罪を問われて、この戦いの司令官であったカブリアスという将軍が弾劾裁判にかけられる。裁判の経緯を伝える史料はごくわずかだが、求刑は死刑、判決は無罪であったという。

問題は、このカブリアスという人物である。彼は、計一五回も将軍に選出されているが、典型的な傭兵隊長タイプの半職業軍人であった。かつて彼は、私的な事情からエジプトに傭兵隊長として雇われたことがあった。ギリシア人傭兵は、かねてより周辺のオリエント諸国で人気が高かったのである。ところがこのときのエジプトは、アテネにとって敵性国家であった。危険を感じたアテネ本国は、あわててカブリアスに帰国を命じ、期限までに帰らねば死刑に処すると脅した。カブリアスはしぶしぶ本国にもどったが、まもなくまた海外に出かけてしまう。彼が本国に長く留まるのを嫌ったのにはわけがあった。

彼は軍事指揮官として有能で、勝利のたびに戦利品を懐にするなどして蓄財したが、その富はもっぱら海外での自由気ままで優雅な暮らしに使った。本国にいると市民たちの嫉妬や猜疑を受け、あるいはへたに政治に巻き込まれて、それこそ弾劾裁判にかけられかねないと考えたからである。本国で窮屈な思いをするよりはと、許される限り彼は海外生活を選んだのであった。遠征で本国を留守にすることの多い将軍という役目柄も、彼のこのようなライフスタイルを可能にした。将軍カブリアスのこのような生き方は、名実ともに国家の最高指導者として積極的に政策決定に参加した前五世紀の将軍たちとは、正反対である。彼はむしろ政治の表舞台に出るのを恐れ、公の領域に背を向け、現場での軍事指揮さえうまくこなせば、あとは私的な生活に退行することを好んだかのようにすら見える。前四世紀に現れる半職業将軍とは、このような人間像であった。

さてそのような彼も、今度ばかりはいやおうなく裁きの場に引き出されてしまった。注意すべきは、彼がつねづねカリストラトスという政治家と共生関係を取り結んでおり、このとき両者がいっしょに弾劾裁判にかけられていることである。

詳細な事実関係は不明であるが、今回のテーベとの紛争にあたってはこの政治家カリストラトスがある戦略を民会で提案し、彼の協力者である将軍カブリアスがその戦略に従った結果、なんらかの失敗を犯してオロポスを失うに至ったというのが事の真相らしい。一世紀以上まえにミルティアデスが一人で行なった仕事を、ここでは二人の人物が分業して行なっている。そして、同一の事件の責任者としてかつては一人の将軍が告発されたのが、いまでは政策立案者と政策実行者の二人が訴えられることになったのである。

政治家と将軍とのこのような分業関係は、当時よく見受けられた。政治家としては、自分の立案した外交戦略が協力者である将軍の作戦指揮によって実を結べば、それだけ政治的立場が強化されることになる。将軍はパートナーである政治家の影響力を利用してつぎの選挙に当選すると同時に、海外での蓄財を繰り返すことができるわけである。ただし――この事例にはっきり見られるように――運が傾けば、両者あいたずさえて失脚するというリスクもあった。

もはやそれぞれ専門家となってしまった政治家と将軍との関係を、じつにはっきりと言い表している史料がある。このカブリアス・カリストラトスのペア裁判に際して彼らを訴えたのは、レオダマスという人物であった。その告発弁論の断片がつぎのように伝わっているのである。

レオダマスという男は、カリストラトスを訴えたときにこう言った。「計画を行なった者は、それを実行する者よりもより多く害を及ぼす。なぜなら計画されなければ実行されることもなかったはずであるから」。しかしまた、カブリアスを訴えたときにはこう言ったのだ。「計画した者よりも実行する者のほうが悪い。なぜなら実行者がいなければ、こういうことはそもそも起こらなかっただろうから」。

（アリストテレス『弁論術』一三六四a一九—二三）

「計画を行なった者」とは、具体的には民会決議案を動議した人物を意味し、この場合は政治家カリストラトスを指す。だから「実行した者」とは、彼が民会で通過させた決議を作戦行動に移した将軍カブリアスを指すわけである。

この弁論自体の論理は、いわゆるソフィスト的詭弁の見本のようなものである。だが二人の被告の役割を、「計画する者」と「実行する者」、すなわち政策立案者と政策実行者と明言しているのは重視すべきである。それはこの事件に限らず、前四世紀なかばという時代における政治家と将軍の専門分化を端的に象徴するものと言えよう。

「専門分化」をどうとらえるか

前四世紀のとくに後半、アテネ民主政においてある意味での専門家が登場するのは、政治と軍事の領域だけにとどまらない。通常の行政においても、前世紀には考えられなかった事態が生じてくる。それは、財政の専門家の登場である。

財務官《タミアイ》という役職には多くの種類があるが、前四世紀後半には、巨額の資金を扱ういくつかの財務官職が国家財政全般を動かす権限をもつようになり、政策決定の中枢を担うようになる。観劇手当財務官エウブロスや財務総監リュクルゴスといった人たちが民主政の有力な指導者になったこと、そして彼らに強大な権限が集中したことは、この時代の特筆すべきできごとである。

このような専門分化あるいは集権化の現象を、民主政衰退の兆候と見るか否かについて、研究者の議論は分かれている。誤解してはならないが、エウブロスやリュクルゴスにしても、それらの役職を職業としているわけではなく、したがって官僚という存在からはやはり遠くかけはなれた人物であり、その意味で彼らもまたまぎれもなくアマチュアであった。だが専門分化と集権化という事態そのものが、民主政の要石というべきアマチュアリズムの原則に反するものであることは否定できないだろう。その意味では、たしかに前四世紀なかばを過ぎると、アテネ民主政がなんらかの変質をきたしていたということになるかもしれない。

ただし、その変質がアテネ民主政の没落をもたらした唯一の原因であるとまでは断言できないように思われる。私にはむしろ民主政の決定的なたそがれは、専門分化というような内部要因よりも、より直接的には外からの圧力によって強引にもたらされたように感じられる。その民主政の終焉の次第を、つぎにたどってみよう。

3 終幕

惑乱するポリス

ポリスどうしが果てしない覇権抗争にあけくれている間に、それを外から脅かす巨大な影が北方で拡がりつつあった。新興国マケドニアである。ギリシア人の一派でありながら結局ポリスを作ることなく、広大な地域を領土にもつこの国は、前四世紀なかばごろフィリッポス二世が王に即位してから、にわかに国力を強めていた。その軍事力はいかなる有力ポリスでも単独ではとうてい及ばない、けたちがいの大きさを備えたものであった。マケドニアはまずギリシア北・中部を従わせたのち、南部の諸ポリスをも射程に入れはじめた。

アテネの政界は親マケドニア派と反マケドニア派とに分かれて激しい党争に突入したが、ついに南下するフィリッポスを迎え撃つことを決議した。前三三八年、アテネ・テーベ連合軍は、アッティカの北に隣接するボイオティア地方のカイロネイアでマケドニア軍と対戦する。ポリス世界全体の自由と独立をかけての決戦であった。

結果は、マケドニアの圧倒的な勝利であった。瞬時にしてポリス諸国は、マケドニアの強大な覇権のまえにひざを屈したのである。翌年フィリッポスが招集したコリントス会議において、スパルタをのぞくギリシア諸国はマケドニアを盟主に仰ぐコリントス同盟を結成させられる。諸国は表面上自治を約束されながら、軍事・外交の権限はすべて盟主フィリッポスに奪われ、国制を自由に変更することも許されず、事実上独立主権を喪失したのである。ここに前八世紀以来続いてきた独立国家としてのポリスの歴史は、一応の終幕を迎えることになった。これ以降ギリシア史は、ポリスの時代からヘレニズム時代へと移ってゆく。

ポリス存立の大前提は、国家としての主権を保持していることにあった。独立自治《アウトノミア》とはポリス市民の最大の誇りであり、生きるよりどころだった。城壁に囲まれた内部の空間こそ彼らの完結した小宇宙であり、運命共同体であったのだ。たんなる都市とポリスとの決定的なちがいがそこにある。そのポリスが国家の独立を喪失したことは、数百年間存続したポリス市民の心理的な秩序が、一挙にその根拠を否定されたことにほかならなかった。この事件が、彼らの内面の深い層に与えた打撃は大きかった。

カイロネイアの戦いで惨敗したアテネ軍の司令官は、リュシクレスという人物であった。彼についてはこの戦いで指揮をとったこと以外には何も知られておらず、例によって政治性の薄い将軍である。彼は敗戦後、ただちに弾劾裁判にかけられる。罪状は売国罪。告発人を務めたのは、あの有能な財務官で弁論家のリュクルゴスであった。その告発弁論は、つぎのようにきわめて容赦ない、というよりはヒステリックな調子のものであった。

リュシクレスよ、君はあのとき将軍の地位にあった人だ。そして一〇〇〇人もの市民が戦死し、二〇〇〇人が捕虜になり、わが国のうえには敵の戦勝記念碑が建てられ、全ギリシアは奴隷的地位に落とされた。そしてこれらすべてのことが起こったのは、君が指揮をとり、将軍の地位にあったときのことだというのに、その君がいまあつかましくも生きながらえ、日の光を見、そしてアゴラに出入りなどしている。みずからが祖国の恥と不名誉の記念碑になって。

（ディオドロス『世界史』一六巻八八章一節）

敗戦の責任をすべて将軍リュシクレスに押しつけるこの論理は、客観的に言えば筋がとおらない。マケドニアとの開戦を動議したのは彼ではなく弁論家デモステネスだし、そもそも告発人リュクルゴス自身が反マケドニア政策の提唱者であった。だからこの弾劾裁判は、政治家が自分の政策の失敗の責任を、無力な一人の将軍に負わせた事例であると見る研究者もいる。だがそれ以上にこの告発弁論は、これまで経験したことのないたぐいの衝撃に襲われて、何をどうしたらいいかわからないアテネ市民たちの絶望的な心の叫びが、だれでもいいから一人の目標物に向かって投げつけられた結果であるとも解釈できよう。

判決は有罪。リュシクレスは処刑された。しかしそれは、アテネの直面する問題の解決にはなんらつながらなかった。市民たちがどのようにあがいてみても、ポリスがマケドニアという超越的な暴力によって独立国家の地位を奪われたという事態を、変えることはできなかったのである。

奇妙な「民主政転覆」

アテネ民主政が本当の意味で深刻に変質しはじめたのは、このカイロネイア敗戦以降のことではないかと思われる。というのもこの時期、「民主政《デモクラティア》」という概念が中身を失いはじめ、空虚な題目に堕していったことを示すいくつもの事実が指摘できるからである。

その一つは、「民主政転覆罪《カタリュシス・トゥ・デームー》」という、国事犯のなかでも最大級の罪を着せられて、そのじつまことに卑近な、巷間どこでもごろごろしていそうな犯罪行為が、何度も弾劾裁判にかけられているという現象である。本来この罪種は、民主政を転覆する陰謀を企てたり、実際に転覆の行為に関与するなどの大がかりな政治犯罪にあてはまるものであった。例の弾劾法第一条は、この種の行為が弾劾裁判にかけられるべきことを定めたものだ。たとえば前四一一年に民主政を転覆した四百人政権の首謀者たちの多くは、事後この罪状によって弾劾裁判にかけられ、処刑されている。ミルティアデスの裁判も、僭主であった事実ないしは民衆を欺瞞した行為を罪に問われている点で、同じ系統に属すると言えるだろう。被告の地位も、将軍や有力な政治家である場合が多い。ところが前三三八年以後、これらのケースとは本質的にことなる、じつに奇妙な弾劾裁判が多発するのである。その事例を簡単に紹介してみよう。

事例その一。——前三三三年、市民身分の女性と姦通したことが民主政転覆罪に相当するとして、ある市民が弾劾裁判にかけられた。被告は公職者ではなくたんなる私人。告発の理由は、「民主政の維持のよりどころである成文法を侵犯し、かつ別のふらちな慣習をもち込む者を罰せられぬままにしておくことは許されない」というものであった。求刑は死刑および遺体のアッティカ領内埋葬禁止というもっとも厳しいもの。判決は伝わっていない。

事例その二。――前三三〇年の裁判。被告はカイロネイア敗戦後、国外逃亡を禁じた民会決議を無視して、財産・家族を船に積みロドス島に逃れた。六年後帰国したところ、この行為を民主政転覆罪に問われ、弾劾裁判にかけられる。被告はやはり私人。告発人は「彼は民主政転覆の罪について有罪である。なぜなら彼は自由をかけた危険のもとに踏みとどまらなかったからだ」と述べた。求刑は死刑だったが票決の結果票が同数に割れ、かろうじて無罪となった。

事例その三。――前三三一―前三二四年ごろのこと。弾劾裁判の濫用もっともはなはだしい事例である。被告は一人の市民と一人の在留外人。彼らは「笛吹き女《アウレタイ》を法定料金以上の値段で賃貸しした」という理由で民主政転覆罪を着せられ、弾劾裁判にかけられた。笛吹き女とはお座敷芸者のようなもので、業者によって派遣され酒席にはべって笛を吹き、宴に興を添える。その多くは奴隷であった。被告たちはその派遣業者であると思われる。求刑・判決は不明。

事例その四。――前三二七年。被告は海上貿易商人である。彼は、担保を提供せずに取引所で借金し、結果的に貸手に損害を与えたという行為が民主政転覆罪を構成するとして弾劾裁判にかけられる。それは、資金の提供者を保護する法律に違反するものとされた。裁判員は、彼に死刑の判決を下した。

うつろな民主主義

どの事例においても、民主政転覆の実体的な根拠はまったく見いだせない。被告たちの行なったことが、国家の体制転覆などという大それたものでないことはあきらかだ。ここではたんに何かの法に違反したという事実が、「法の侵犯は民主政の根本を破壊する。ゆえに被告の行為は民主政転覆の企てに等しい」という、かなり粗雑な詭弁論理で強引に民主政転覆罪に結びつけられている。事例三と四は、本来であれば私法上の係争事件として解決すべき問題であるはずだ。事例一と二も、公法上の事件ではあるが通常は別の罪状で、しかも弾劾裁判ではない別の手続きで訴えられるべき事例である。この種の（国事犯に比べれば）ささいな行ないが民主政転覆罪に問われた事例は、もとよりアテネ民主政史上かつて例を見ない。そのうえあろうことか裁判員はこの告発側の論拠に説得され、事例二では半数が有罪票を投じ、事例四ではついに死刑の判決を下している。

告発人だけではなく、多数の市民たちから抽選された裁判員の内面でも、何かが決定的におかしくなってしまっている。どの事例でも「民主主義」とは何か別の目的のための一つの口実に用いられているようにすら思われる。民主政というものの重みが、彼らの意識のなかから流れ去ってしまったかのようだ。民主政という概念は実体を失って空洞化し、姦通でも無担保借金でも笛吹き女の料金つり上げでも、何でも放り込める器にすぎなくなってしまったのである。

このことは、同じ前四世紀末のアテネ市民の意識を伝える、哲学者テオフラストスの『人さまざま』というじつにユニークなエッセーのなかにも跡づけられる。彼はアリストテレスの一番弟子にふさわしく、人間の諸類型をきちんと分類し、定義し、記述する。しかもここに描かれているのは、どちらかといえばあまりほめられない人格である。たとえば「迷信深い人」「媚びへつらう人」「頭の鈍い人」「臆病者」「ほら吹き」「傲慢な人」などなど……。それは同時代の市民たちの等身大の人物像であり、興味つきない人間観察の書である。さてそのなかの「悪口雑言を言う人」という章に、つぎのようなくだりがある。

（悪口雑言を言う人は）なかでも自分の友人や親族について、あるいはもう死んでしまった人たちについてさえも、言論の自由、民主主義、自由独立ということばをたてにして言い逃れしながら、ひどくののしる。そしてそれを人生で何よりの楽しみとしているのである。

（『人さまざま』二八章六節）

つまりこのような人格にとって、民主主義とは人を誹謗中傷するための口実にすぎない。ここで「言論の自由《パレシア》」「民主主義《デモクラテイア》」「自由独立《エレウテリア》」と訳したことばは、いずれも本来アテネ民主政の旗印となる重要な理念であり、かつて市民たちはこれらを他のポリスが模範とすべき理想として何より誇りにしていたはずであった。ところがいまでは民主政の理念はその本来の価値を見失われ、「民主主義」「自由」という空虚なことばだけが骸骨のように残るにすぎなくなった。マケドニアに本当の自由を奪われてしまったこの時期、一般市民たちはもはや真剣に民主政を防衛しようという意欲を喪失してしまったのである。

おびえるデモクラティア

皮肉なことに、これらの事件や風潮が起こる直前、カイロネイア敗戦の二年後のアテネでは、民主政を転覆しあるいはそれを企てる者を厳罰に処すべしとする法が制定されている。エウクラテス法というのがそれで、碑文に刻まれたその法文が一九五二年にアゴラから発掘された。碑文はほぼ完全な形で見つかり、頭部には擬人化された民主主義《デモクラティア》の女神がアテネの民衆《デーモス》に栄冠を授けている絵柄がきれいに彫刻されている

（次頁写真）。その法文は、つぎのようにうたう。

もし何びとであれ僭主政樹立の目的で民衆に対して謀反を起こし、または僭主政を樹立し、またはアテネの民衆もしくはアテネ民主政を転覆解体した場合、かかる行為のいずれかを行なった者を殺害した者は、だれであれ罪に問われない。

またもしアテネの民衆ないし民主政が転覆解体されたときに、アレオパゴス評議会の議員がアレオパゴスに登り、またはその会議に出席し、または何ごとによらず評議を行なうことは許されない。もしこれに違反した者があれば、その者およびその子孫一族は公民権を喪失し、資産は国庫に没収され、その十分の一はアテナ女神のものになるべきこと。（後略）

（『ギリシア碑文補遺』一二巻、一九五五年、八七）

これはまるで、七〇年以上まえに民主派が四百人政権の残党狩りを不寛容に行なったときの精神の再来である。ここで敵視されている僭主ないし僭主政というのが、この場合マケドニアとその同調勢力を暗に示していることは言うまでもない。

この法を提案したエウクラテスという政治家は、――この時点でフィリッポス王が

エウクラテス法碑文頭部。左下、タガネ痕に注意

アテネに民主政の存続を約束していたにもかかわらず――マケドニアの侵略におびえ、先祖伝来の生活を支える体制が解体されるのを、この立法によって必死で阻止しようとしたにちがいない。たしかにエウクラテス法制定後、おそらくこの法の趣旨に刺激されてであろう、「民主政転覆罪」なるものの弾劾裁判はあいついだ。だがその内実は、すでに見たとおり中身のないものであった。声高に民主政防衛を叫ぶ政治家たちの思わくとは裏腹に、市民の日常生活の次元では、民主政を支える実質的な何かがすでに崩れつつあったのである。

ことはすでにアテネ一国の国内法制定によって解決できる範囲を超えていた。このような一片の法文などでは、もはや民主政をマケドニアの手から守ることなどとうていできないということを、ほどなく市民たちは思い知らされることになる。

民主政の最期

フィリッポス王がその後まもなく暗殺されると、その子アレクサンドロスが王位を継ぎ、やがて前三三四年、ペルシアに向かって進軍を開始する。大王の偉大な東方遠征の幕開けである。彼は輝かしい支配を広大な版図に打ち立てたのち、三三歳の若さで前三二三年に急逝した。この報が伝わると、自由を求めるギリシア諸国は、アテネの民主派が中心となって対マケドニア反乱を起こす。これをラミア戦争という。マケドニア代理統治者アンティパトロスは、大軍を率いてこれの鎮圧に向かった。最初優勢であったギリシア連合軍も、しょせん強国のまえには無力であった。翌前三二二年夏、アテネは降伏。デモステネスら民主派指導者たちは逃走するが、まもなく逮捕・処刑され、あるいは自殺した。そのなかには、さきほどのエウクラテスも含まれていた。

アテネにはマケドニア軍が進駐し、その監視のもとで、クレイステネス以来一八〇年以上生きながらえてきたアテネ民主政は、ここに廃止された。参政権は二〇〇〇ドラクマ以上の財産をもつ市民九〇〇〇人に限られ、国制は一種の富裕者寡頭政に変わった。あれほど精緻に整えられた民衆裁判所の制度も事実上廃棄され、役人の抽選制、同僚団制、ローテーションの原則なども撤廃された。民会手当もなくなった。貧民は民会への参加すら許されなくなったからである。

民主政防衛をうたったエウクラテス法の碑文が、その後にたどった運命も悲惨であった。美しい彫刻を施されたそれは、マケドニア軍進駐後ただちに引き倒され、ごみか何かのように捨てられてしまう。碑文が発見されたとき、それは前三世紀初頭の建物の基礎を埋める土石の間に放り込まれた状態で見つかったという。さらに碑文頭部、彫刻の左下には、引き倒したあとでばらばらに切断しようと試みたタガネの痕跡が二ヵ所も確認されている。デモクラティアの女神は、文字どおり無残にも切りさいなまれ、放棄されてしまったのである。

研究者のほとんどは、この前三二二年をもってアテネ民主政の事実上の終末と見なす。ただし厳密に言えば、これで民主政が永久にアテネから姿を消したわけではない。その後、アレクサンドロス大王の後継者たちが繰り広げる勢力争いに、アテネはいく度も巻き込まれる。そのたびごとに国制はめまぐるしく変革され、民主政が復活しては外国勢力につぶされるということを何度も繰り返すのである。たとえば前三二二年以後八〇年ほどの間に、アテネではおもなもので八度政変が起こり、その間民主政が三回ばかり復活している。どれもヘレニズム諸勢力のいずれかの後押しを受けて成立したものだ。没落したとはいえ民主政にはまだ最後の余力が残っていたのだとも考えられよう。してみると、その生命力には想像以上に大きなものがあったのかもしれない。だがいずれにせよ、他国からの干渉なしに主権国家として存立していたアテネ民主政は、前三二二年で消滅したと見るべきであろう。

民主政はなぜ滅んだか

かくてアテネ民主政は、世界史上から姿を消した。その滅亡原因については、もとより以前から多くの議論がある。われわれは「アテネ民主政はペロポネソス戦争をさかいに衆愚政に陥り、前四世紀に入って堕落衰退した」という教科書の説明にあまりになじんできた。だが事実に照らした限りでは、この説明に説得力はあまり感じられない。民主政がそれ自体に内在する欠陥によって自滅したというよりも、むしろ外部からの圧力を受けて崩壊したという説明モデルのほうに、より真実らしいものがあるように思われる。

もちろん民主政の内部にも、なんらかの変質が起こっていたことは否定できない。市民たちの公共意識の低下など、内部要因を指摘する意見は根強い。しかし少なくとも民主政崩壊の直接にして最大の原因が、マケドニアの軍事的制圧によるポリスの独立喪失であることもまた否定しがたい。市民がみずからの自由意志で政治を行なう原則が否定されれば、もはや民主主義の生命が枯死したも同然だからである。

急いで断らねばならないが、もちろんここに述べたことはたんなる仮説であり、考え方の一つの可能性を示したまでである。アテネ民主政がなぜ滅んだのかについて、別の可能性はいくらでも考えられるし、また考えねばならない。可能性を本格的な理論に仕立てるには膨大な実証が必要であろう。それは本書の課題ではない。だが今日、一九世紀以来の理論的な枠組みが問いなおされるとともに、民主政崩壊原因論についてもさまざまに再検討が試みられていることは事実である。

おわりに

アテネ民主政の歴史は、たがいに矛盾するいくつかの要因のからみあいから成り立っている。民主政は当初、貴族の指導者が民衆を導くという形からスタートした。クレイステネスによる民主政の創立自体、もともと貴族どうしの権力闘争が招いた結果である。ペルシア戦争で強力な指導力を発揮したのも、ホメロス的な英雄の面影を残した名門出身の将軍たちであった。その系譜を引く最後にして最大の指導者がペリクレスであり、彼は民主政の基本構造に一応の完成をもたらした。しかしながら指導者と民衆とのこのような関係は、同時に矛盾をはらむものであった。民主政とはその本質上、一人のヒーローに永続的な権限が集中することを嫌うものだからである。アテネの民衆が、みずからにとって功労者であるはずのミルティアデスやペリクレスに対して、最後に苛酷な弾劾裁判をもって報いたのはそのためである。

ペロポネソス戦争中の民主政の混迷は、英雄的な指導者を失ってからそれに代わる新たな権威と秩序を探りあてるまでの、過渡期の試練であった。戦争の長期化、狭い城壁のなかの人口密集、そして疫病による大量死という限界状況に置かれた民衆は、導き手となる規範を見失い、ときにやみくもな群集行動に走った。だがその一方で、民主政のシステムの組み替えはとぎれることなく模索されてゆく。より広い範囲の市民たちの公的責任を追及する公職者弾劾制度のネットワークは、ペロポネソス戦争後半期からむしろ充実期を迎える。敗戦と二度の民主政転覆・再建という前五世紀末の一連のできごとは、たしかにアテネから超大国の地位を奪いはしたが、法の権威を最高位に置くという原則のもとで安定した民主政を再生させることにつながったのである。

近代歴史学は古代ギリシア史研究に多大な進歩をもたらしたが、同時にアテネ民主政に対する過度の思い込みをも育てる結果になった。それを民主主義の模範として理想視する視点を代表するのは、いわゆるホイッグ史観の一つの典型として知られるイギリスの歴史家G・グロートであり、彼はアテネ民主政を自由主義の鑑として描いた。他方群衆による恐るべき専制支配であるとしてこれを非難する立場をとったのが、しばしばグロートと対比されるW・ミットフォードである。反革命思想の持ち主であった彼にとって、多数者の気まぐれに翻弄される古代ギリシア民主政は、悪しき国制の見本であった。

ミットフォードによれば、アテネ民主政とは富裕者の財産を没収して民衆の怠惰な享楽のために再分配するシステムにほかならない。「近代ヨーロッパの政府のうちでどんなに不道徳なものでも――少なくともフランス革命以前の時代のものであるならば――およそどんな統治のもとであれそこで見られる事態とは比べものにならないほど、アテネ民主政における生命と財産は不安定なものであった。……そこではあたかも自由というものの本質が、各人を他者の侵害から守ることにではなく、だれもが他者を侵害する権利を有することにあると信じられていたかのごとくである」。そして、かような民主政を支持するアテネの民衆は「人類のなかでもっとも不品行な者ども」だと言う（ミットフォード『ギリシア史』五巻）。あきらかに彼は、アテネ民主政をフランス革命の暴虐に比すべき存在としてとらえており、それとの対照においてイギリス代議制の美点を称賛している。

アテネ民主政を理想視するにせよ非難するにせよ、一九世紀の歴史家が行なったことは、近代を古代に投影することであった。そのやり方は、近代人の価値観の自己確認にこそなれ、アテネ民主政を実際に担っていたポリス市民たちの価値観の解明には役立たない。「歴史家の本分は、ほめたりけなしたりすることではなく、記録し説明することに尽きる」という中世史家J・ボズウェルのことばを、この際よくかみしめたい（『キリスト教と同性愛——1～14世紀西欧のゲイ・ピープル』大越愛子・下田立行訳）。本書では、一九世紀以来アテネ民主政に貼られてきたレッテルを、一枚一枚はがしてゆくことに努めたつもりである。衆愚政やデマゴーグといった概念、あるいはペロポネソス戦争を機縁に民主政が堕落衰退したという図式から、私があえて距離を置いたのもそのためである。

歴史家の本分とはそのようなものであるとしよう。その本分はさておくとして、では現代の日本に生きる一人の人間として、私がアテネ民主政の歴史を探究する意義はどこにあるのだろうか。二五〇〇年も昔の、われわれ日本人とはまったく異質な環境に生きていた古代ギリシア人の経験の何が、私に訴えかけるのか。

日本で戦後民主主義が価値の源泉であった時代は、すでに過ぎ去った。民主主義の名のもとに政治家、官僚そして企業が半世紀かけて作り上げてきた体制の一部からは、いまや顔をそむけたくなるほどの腐臭が漂いはじめている。デモクラシーはいつのまにかテクノクラシーのかげに隠れてしまった。民主主義ということばは、もはや手垢のこびりついた一つの空虚な符丁にすぎなくなったとさえ思われるときがある。それに無条件の信頼を寄せることは、現在ではへたをすれば冷笑すら浴びかねない。このような現代に生きる人間に、アテネ民主政は何を語りかけるのか。

現代社会に生まれたわれわれは、人生の早い段階から、専門化した特定の狭い領域に自分を押し込めることを要求されて育つ。現代人は、何か一つの専門技能を果たすことに生きる道を見いださねばならない。いまやアマチュアとは、むしろ「半可通」というほどの消極的評価しか受けないかもしれない。個人が社会から求められることは、一個の機能になることである。機能を生きるということは、極端に言えば、専門以外の能力をすべて切り捨てることを意味する。

古代ギリシアのポリス市民は、その対極にある生き方を理想とした。あらゆる方面にバランスよく、しかもそこそこに能力を発揮することが、民主政を支える市民としてふさわしい生き方だと考えていたのである。彼らが一人前の市民として活動するにあたっては、じつにさまざまなことが要求された。その生業が農業であれ商工業であれ、彼らはまず自分の家の経営をよく行なわねばならぬ。偉大な政治家ペリクレスが、家計の収支管理に厳格だったことを想起しよう。家の経営には奴隷の監督や婦女子の管理・教育も当然含まれる。一方公の場にあっては民会に参加し、裁判員を務め、役人の抽選にあたれば一年間はその任務に忙殺される。一朝事あった場合には、戦士として命をかけて戦場におもむかねばならない。戦闘で不覚を取らぬためには、体育場でふだんから身体の鍛練を怠らないのが市民たるもののたしなみであった。公と私、精神と肉体の各領域に、自分の能力をまんべんなく育てることが求められた。

多くの役目をすべての市民が順ぐりに務めるという民主政のしくみが、そのような人格を必要としたのである。役人の資格審査において試されたのが専門技能ではなく、一個のポリス市民としての生き方を全うしているかどうかであったことを思い起こしたい。一つの職能だけを専門的に追究することは、自由人らしからぬ、卑しい行為とされた。最大利潤を追求することだけに目を血走らせて生きるのは、市民にあるまじきふるまいと考えられたことであろう。民主政のおおらかなアマチュアリズムの根底には、人間には本来あらゆる能力が潜在的に備わっているのだという価値観が横たわっていた。

K・ラーフラウプの解釈に従えば、ペリクレスが理想とした民主政とはたんなる国家制度ではなく、一つの生活様式（way of life）であった。そこではどの市民も民主政への参加を期待される。彼らは公私両面において経験を積み、有能でなければならない。政治生活に参加せぬ者は、無能な市民と見なされる。市民である以上、だれもが多芸多才（versatile）であり、適応能力があり、自主独立で、自足した人格であることが当然とされる。このことをペリクレスは有名な葬送演説のなかで、つぎのように述べている。

われらのポリス全体はギリシアが追うべき理想の顕現であり、われら一人一人の市民は、人生の広い諸活動に通暁し、自由人の品位を持し、己れの知性の円熟を期することができると思う。

（トゥキュディデス『戦史』二巻四一章一節）

ここには、民主政というものの生命が何であるのかについて、重要なヒントが読み取れる。われわれが現代に生きる限り、何かの専門領域にしばられるのは避けられない宿命である。広い意味での官僚制なしに近代文明が一刻も維持できないのは、だれもが承知していることだ。にもかかわらず、民主政と官僚制とは根本のところで相容れない。自分の専門領域だけに閉じこもる無機的な人間だけが社会を構成するようになったとき、民主政は生きることをやめるだろう。

ポリス市民の生活様式をそのまま現代に再現できないことは、あらためて言うまでもない。彼我のへだたりはあまりに大きい。古典古代の単純な理想視は話をふりだしにもどすだけだ。だが古代ギリシアへの洞察は、自分が置かれている状況への反省にたえず私をいざなう。ギリシア人が民主政をめぐって試行錯誤した素直な足跡は、われわれの心に強く何かを刻み込むのである。

あとがき

前著『アテナイ公職者弾劾制度の研究』の刊行後まもなく、これをベースにしてアテネ民主政に関する一般向けの教養書を書いてほしいという依頼を東京大学出版会から受けた。本書が上梓《じょうし》されるまで、それから結局四年近くの時間が経過した。率直に言って、広い読者層のための読み物を書き下ろすことが、これほど気骨の折れるものであるとは思ってもみなかった。私にとっての本務である研究作業とは質のちがう得がたい経験をさせてもらったと、執筆を終えたいまでは考えている。

学問的に真であること、読んでわかりやすいこと、おもしろいこと、これら三つがそれぞれまったく別のものであるというごくあたりまえのことを、今回あらためて思い知らされた。それらは別々の方向を示すベクトルである。わかりやすくおもしろいからといって真実であるとは限らないし、学問的に正確な記述がかならずしもつまらないときまったわけではない。研究者の仕事の本質は分析であって叙述ではないが、研究者を超えた広い読者を想定した読み物が分析に終始することは許されないだろう。研究者としての自分に忠実でありながら、なおかつ読み手にとって魅力ある文章を考えるという作業は、不器用な私には何とも息の切れる仕事であった。とはいえ、本書の執筆をとおして、ストーリーテリングのこころよさのようなものも、私はひそかに十分味わったつもりでいる。

このようなわけで、本書は学問的新知見の提示や専門的議論の追求を第一の目的に置いたものではないから、それらをお求めの方には前著を手に取って下さるようお勧めする。もっとも本書のなかにも、いくつかのアイディアを覚書ふうに書きとめてはある。今後それらを核にして新たな研究を展開できればと願っている。

今回もまた、直接間接に多くの方々からの御助力をいただいて本書は世に出ることになった。これまで研究上の御教示を賜った先学諸賢・同学諸氏、公私ともに私を励まし続けてくれた友人諸君に対して衷心より謝辞を述べたい。とくに東京大学大学院教授桜井万里子氏は、フォルミシオス（第六章）に関して私に貴重な示唆を与えて下さり、そのうえ国内で入手困難な関連論文をアテネ滞在中にコピーして下さった。氏の御厚意にあつく御礼申し上げる。もとより本書に誤りがあるとすれば、当然ながらそれはすべて私の責任に帰せられるべきものである。

東京から大阪に移ってはや四年半になる。まったく関西に縁のなかった私に、当地の人々が示してくれたあふれるほどの御厚情にも感謝せずにはいられない。なかでも大阪外国語大学の同僚諸氏、そして本書の一部のもとになった講義を聴き、私との対話に参加してくれた学生諸君には、この場を借りて謝意を表したい。

にもかかわらず、いまだに本州の夏の暑熱に慣れぬ私は、本書の多くの部分を夏休みに郷里の札幌で執筆した。いままでつねに私を遠くから見守ってくれた両親をはじめとする故郷の人々と美しい山河に、望郷の念を込めて感謝を捧げる。

最後になったが、執筆を依頼してから本書ができあがるまで辛抱強く私を励まし、編集の実務にあたっては前著同様いささかも労苦を惜しまれなかった東京大学出版会編集部の高木宏氏に満腔の謝意を申し上げたい。本書の構想は、氏の助言なしには実現しえなかっただろう。氏の誠実な気持ちに応えられたことが、いま私にとって何よりの慰めである。

一九九七年九月

橋場　弦

学術文庫版のためのあとがき

人が生まれて育つのに似て、本というものも、ひとたび上梓されると著者の手を離れ、人々に見守られながら成長してゆくもののようである。一九九七年に東京大学出版会から出た旧著『丘のうえの民主政——古代アテネの実験』が、このたび講談社学術文庫としてあらたな刊行の機会を得たことは、生みの親である私にとって何よりの喜びである。これも初版以来、長きにわたり本書を読み継いで下さった読者の厚意の賜物と感謝している。

プラトンの作品をはじめとして、アテネ民主政に批判的な哲学テクストが古代から豊富に残る一方で、民主政を支えた市民たちの思想は、断片的にしか伝わらない。民主政が二〇〇〇年以上もの間、衆愚政の烙印《らくいん》を押されてきたのは、哲学の祖ソクラテスが民衆裁判で処刑されたという歴史的事実に由来するところが大きい。絶対的真理を追究する哲学と、多数決で物事の解決を図る民主主義との不幸な関係は、そもそもここに端を発するのではないかと思われるほどだ。しかし、アカデメイアにおけるプラトン学派の営みが、言論の自由を保障した民主政アテネでこそ可能だった、という事実の重みもまた否定しがたい。

市民たちにとって民主政とは、教科書で学習する理論や法制度などではなく、長い時間をかけて父祖から伝承された生活様式であった。それは、土のにおいの染みついた身体性をともなうもので、祭典や供犠《くぎ》、宣誓などによって儀礼化された日常生活の体系でもある。民主政が生活の深層に深く根を下ろしていたからこそ、前三二二年にマケドニアによっていったんは廃止されたあとも、人々はその復活のため、いくども命がけで政変を起こしたのである。今は失われてしまったアテネ市民の声をよみがえらせ、民主政を生きた当事者である彼らの軌跡を描き出せたのであれば、著者としての願いはかなえられたことになろう。

初版から一八年が経過した。この間、アテネ民主政をめぐる内外の研究はかなり変容し、制度史研究からイデオロギー研究やテクスト分析へと重点がシフトしてきている。私自身の興味関心も移り変わり、考え方もかつてと同じではない。とはいえ、本書は基本的に初版刊行時点での成果であるから、文庫化にあたっては、ごく一部をのぞき、研究の新動向に合わせて論旨を書き改めることをあえてしなかった。もとより今読み返してみると、三〇代半ばに書いたゆえの未熟さも目につき、それゆえ明らかな誤りや文章の不体裁には、今回最小限の手直しを加えたけれども、本書全体を通して訴えたい主旨は、やはり現在でも変わっていない。

私は自著の表題を考えるのがたいへん苦手で、旧著のそれを決めるのにも四苦八苦したのを覚えている。今回は編集部と相談の上、文庫化にあたってよりふさわしい書名に改めることにした。旧著の表題を手放すことには一抹の寂しさを感じないでもなかったが、学術文庫の題名にはそれなりの落ち着きというものも必要である。これも自著が成長するということなのだろう。あらたに名付けられ生まれ変わった本書が、今後どのように歩んでゆくのか、見とどけるのが楽しみである。

本書はおりにふれて書評に取り上げられ、あるいは引用される幸運に恵まれた。初版刊行後まもなく『週刊読書人』で引田隆也氏が、またその後『日本精神分析』で柄谷行人氏が、そして最近では朝日新聞の「論壇時評」で高橋源一郎氏が、いずれも好意的に取り上げて下さったのは、著者として身に余る光栄であった。ほかにも一般紙やインターネットなどで、ときに本書に言及して下さる方がいる。読者諸兄からのこのような反響は、普段意識することのない社会と自分との接点に気づかせ、研究者の孤独から私を救ってくれる。たいへん有り難いことだと思っている。

この一八年を振り返ると、世の中も私自身の身辺も、ずいぶんと様変わりした。一九九五年にはじめて訪ねたギリシャは、その後ＥＵに加盟し、通貨もドラクマからユーロになり、そしてオリンピック前後のバブルに踊ったあげく、ユーロ圏の存立を脅かすほどの経済破綻を起こした。訪れるたびに表情が変わっている国である。私の勤務先も東京大学に移った。前任校の大阪外国語大学は大阪大学に統合され、もはや存在しない。国立大学法人をめぐる状況は、厳しさを増す一方である。そうしたなかでも研究を続けてこられたのは、これまで私を支援して下さった恩師、先輩、同僚、そして友人諸君の励ましがあったからこそである。この場を借りてあつくお礼申し上げる。

そして誰より、いつも私を支え見守ってくれた家族、とりわけ妻に、心からの感謝を伝えたい。

最後になったが、本書文庫化について講談社との仲介の労を執って下さった東京大学名誉教授本村凌二氏、および編集作業にあたってお世話になった講談社の梶慎一郎氏に、衷心より謝意を表する。

二〇一五年一一月

橋場　弦

p.145 写真　投票具：著者撮影
p.147 図　裁判員名札：Rhodes, P. J. *A Commentary on the Aristotelian Athenaion Politeia,* Oxford (Oxford Clarendon Press) 1981, p. 704 fig. 1
p.161 写真　陶片：著者撮影
p.165 写真　アクロポリス全景：著者撮影
p.167 図・写真　三段櫂船復元図と復元されたオリュンピアス号：Morrison, J.S., Coates, J.F., Rankov, N.B., *The Athenian Trireme: the History and Reconstruction of an Ancient Greek Warship*, 2nd ed., Cambridge (Cambridge University Press) 2000, fig. 72, 80.
p.204 表　資格審査事例一覧：著者作成
p.217 図　抽選器復元図：Dow, S., Aristotle, the Kleroteria, and the Courts, *Harvard Studies in Class. Phil.* 50, 1939, fig.
p.219 図　法廷編成手続き：著者作成
p.226 表　民会議場の面積と収容人員の変化：Hansen, M. H., *The Athenian Assembly: In the Age of Demosthenes,* Oxford (Blackwell) 1987, p. 17; Ehrenberg, V., *The Greek State,* 2nd ed., London (Methuen) 1969, p. 31 より作成
p.231 写真　フォルミシオス碑文：著者撮影　その模写：著者作成
p.256 写真　エウクラテス法碑文頭部：Meritt, B. D., Greek Inscriptions, *Hesperia* 21, 1952, Plate 89.

図版出典一覧

p.37 写真 重装歩兵の青銅像：Sabin, P. et al. (eds.), *The Cambridge History of Greek and Roman Warfare I: Greece, the Hellenistic World and the Rise of Rome*, Cambridge (Cambridge University Press) 2007, fig. 5.2 (a).

p.49 図 ミルティアデス系図：著者作成

p.59 写真 マラトン。アテネ人の墳墓：著者撮影

p.60 写真 「マラトンの勇士通り」：著者撮影

p.62 写真 ペリクレス肖像：大英博物館蔵（World Photo Service 提供）

p.77 写真 パルテノン神殿：橋場幸恵撮影

p.82 図 公共建築事業の民主的手続き：著者作成

p.87 写真 パルテノン神殿会計報告碑文（断片）：（左）IG I^3 436, Fg. V, Annus I, 447/6；（右）IG I^3 437, Fg. W, Annus II, 446/5；Meritt, B. D., Fragments of Attic Building Accounts, *American Journal of Archaeology,* 2nd s. 36, 1932, p. 472.

p.103 図 集団埋葬跡：Baziotopoulou-Valavani, E., A Mass Burial from the Cemetery of Kerameikos, in Stamatopoulou, M., Yeroulanou, M. (eds.), *Excavating Classical Culture: Recent Archaeological Discoveries in Greece*, Oxford (The Beazley Archive and Archaeopress) 2002, fig.3.

p.113 写真 アレオパゴスの丘：著者撮影

p.114 写真 プニュクスの丘。民会議場全景：著者撮影

p.117 図 民会議場平面図：Travlos, J., *Pictorial Dictionary of Ancient Athens*, London (Thames & Hudson) 1971, p. 475 fig. 599 (drawing by Travlos).

p.127 写真 民会議場跡の演壇：著者撮影

p.139 写真 トロス跡：著者撮影

p.141 図 民衆裁判所復元図：Boegehold, A.L., *The Lawcourts at Athens: Sites, Buildings, Equipment, Procedure, and Testimonia* (the Athenian Agora 28), Princeton (The American School of Classical Studies at Athens) 1995, fig.8.

p.144 図 法廷用水時計：Thompson, H. A., Wycherley, R. E., *The Athenian Agora* XIV, Princeton (The American School of Classical Studies at Athens) 1972, p. 55 fig.

Princeton 1972.
Travlos, J., *Pictorial Dictionary of Ancient Athens*, London 1971.
Wade-Gery, H. T., Miltiades, *Journal of Hellenic Studies* 71, 1951, pp. 212-221.
Wylie, J. A. H., Stubbs, H. W., The Plague of Athens: 430-428 B. C. Epidemic and Epizoötic, *Classical Quarterly* n.s. 33, 1983, pp. 6-11.
Young, S., An Athenian Clepsydra, *Hesperia* 8, 1939, pp. 274-284.

伊藤貞夫『古典期アテネの政治と社会』東京大学出版会、1982年。

桜井万里子「『「雅量」の人・キモン』——そのエートスのアテナイ民主政における位置」『ペディラヴィウム』28号、1988年、1-11頁。

同『ソクラテスの隣人たち——アテナイにおける市民と非市民』山川出版社、1997年。

中井義明「マラトン遠征——ペルシア軍の目的と戦略」『西洋史学』164号、1991年、19-24頁。

中村純「ソクラテス裁判の政治的一側面——告発者アニュトスの意図をめぐって」『西洋史研究』新輯12号、43-48頁。

橋場弦『アテナイ公職者弾劾制度の研究』東京大学出版会、1993年。

同「アテナイ民主政における司法への民衆参加」佐藤篤士・林毅編著『司法への民衆参加——西洋における歴史的展開』敬文堂、1996年、1-18頁。

同「アテナイ民主政における贈収賄罪の成立——法制的側面から」『古代文化』48巻7号、1996年、1-16頁。

長谷川博隆編『古典古代とパトロネジ』名古屋大学出版会、1992年。

馬場恵二『ペルシア戦争——自由のための戦い』教育社、1982年。

ジョン・ボズウェル『キリスト教と同性愛——1～14世紀西欧のゲイ・ピープル』大越愛子・下田立行訳、国文社、1990年。

Langmuir, A. D. et al., The Thucydides Syndrome: A New Hypothesis for the Cause of the Plague of Athens, *New England Journal of Medicine* 313, 1985, pp. 1027-1030.

Matthaiou, A. P., Khoregike epigraphike Thargelion, *HOROS* 8-9, 1990-91, pp. 53-58, Pl. 10.

Mitford, W., *The History of Greece* V, new ed., London 1835.

Ostwald, M., *From Popular Sovereignty to the Sovereignty of Law: Law, Society, and Politics in Fifth-Century Athens*, Berkeley/ L. A. / London 1986.

Pickard-Cambridge, A., *The Dramatic Festivals of Athens,* 2nd ed., Oxford 1968.

Poole, J. C. F., Holladay, A. J., Thucydides and the Plague of Athens, *Classical Quarterly* n.s. 29, 1979, pp. 282-300.

Raaflaub, K. A., Contemporary Perceptions of Democracy in Fifth-Century Athens, *Classica et Mediaevalia* 40, 1989=W. R. Connor et al. (eds.), *Aspects of Athenian Democracy,* Copenhagen 1990, pp. 33-70.

Rhodes, P. J., *The Athenian Boule,* Oxford 1972.

idem, *A Commentary on the Aristotelian Athenaion Politeia,* Oxford 1981.

Roberts, J. T., *Athens on Trial: The Antidemocratic Tradition in Western Thought,* Princeton 1994.

Robinson, E. W., *The First Democracies: Early Popular Government outside Athens*, Stuttgart 1997.

Rotroff, S. I., Camp, J. M., The Date of the Third Period of the Pnyx, *Hesperia* 65, 1996, pp. 263-294.

Schubert, Ch., *Perikles*, Darmstadt 1994.

Stadter, P. A., *A Commentary on Plutarch's Pericles,* Chapel Hill/ London 1989.

Stanier, R. S., The Cost of the Parthenon, *Journal of Hellenic Studies* 73, 1953, pp. 68-76.

Strauss, B. S., *Fathers and Sons in Athens: Ideology and Society in the Era of the Peloponnesian War*, Princeton 1993.

Taylor, M. W., *The Tyrant Slayers: The Heroic Image in Fifth Century B. C. Athenian Art and Politics,* 2nd ed., Salem 1991.

Thompson, H. A., The Pnyx in Models, *Hesperia* Suppl. 19, 1982, pp. 133-147.

Thompson, H. A., Wycherley, R. E., *The Athenian Agora* XIV,

Excavating Classical Culture: Recent Archaeological Discoveries in Greece, Oxford 2002.

Boegehold, A.L., *The Lawcourts at Athens: Sites, Buildings, Equipment, Procedure, and Testimonia* (the Athenian Agora 28), Princeton 1995.

Burn, A. R., *Persia and the Greeks: The Defence of the West, c. 546-478 B. C.,* 2nd ed., Stanford 1984.

Cohen, B., Perikles' Portrait and the Riace Bronzes. New Evidence for "Schinocephaly", *Hesperia* 60, 1991, pp. 465-502 (Pls. 113-126).

Davies, J. K., *Athenian Propertied Families 600-300 B. C.,* Oxford 1971.

Develin, R., *Athenian Officials, 684-321 B. C.,* Cambridge 1989.

Dow, S., Aristotle, the Kleroteria, and the Courts, *Harvard Studies in Class. Phil.* 50, 1939, pp. 1-34.

Eder, W. (ed.), *Die athenische Demokratie im 4. Jahrhundert v. Chr.: Vollendung oder Verfall einer Verfassungsform? Akten eines Symposiums, 3.-7. August 1992, Bellagio,* Stuttgart 1995.

Ferguson, W. S., *Hellenistic Athens: An Historical Essay*, London 1911 (repr. Chicago 1974).

Forrest, W. G., An Athenian Generation Gap, *Yale Classical Studies* 24, 1975, pp. 37-52.

Habicht, Ch., *Athen: die Geschichte der Stadt in hellenistischer Zeit,* München 1995.

Hansen, M. H., *The Sovereignty of the People's Court in Athens in the Fourth Century B. C. and the Public Action against Unconstitutional Proposals,* Odense 1974.

idem, *Eisangelia: The Sovereignty of the People's Court in Athens in the Fourth Century B. C. and the Impeachment of Generals and Politicians,* Odense 1975.

idem, *The Athenian Assembly: In the Age of Demosthenes,* Oxford 1987.

Jones, A. H. M., *Athenian Democracy,* Oxford 1957 (repr. 1978).

Kinzl, K., *Miltiades-Forschungen,* Diss. Wien 1968.

Kourouniotes, K., Thompson, H. A., The Pnyx in Athens, *Hesperia* 1, 1932, pp. 90-217.

Kroll, J. H., *Athenian Bronze Allotment Plates,* Cambridge, Mass. 1972.

主要参考文献

本書の記述に直接関連するものに限った。またとくに重要なものをのぞき、前著『アテナイ公職者弾劾制度の研究』（東京大学出版会、1993年）の参考文献一覧に所収のものは省略した。

【古典史料】（邦訳があるものに限った）

アリストテレス「アテナイ人の国制」（『アリストテレス全集 19』）橋場弦訳、岩波書店、2014年。

アリストパネス『アリストパネス』（世界古典文学全集 12）高津春繁編、筑摩書房、1964年。

クセノフォーン『ソークラテースの思い出』佐々木理訳、岩波文庫、1974年。

テオプラストス『人さまざま』森進一訳、岩波文庫、1982年。

トゥーキュディデース『戦史』（上・中・下）久保正彰訳、岩波文庫、1966-67年。

プラトン『ソクラテスの弁明』納富信留訳、光文社古典新訳文庫、2012年。

プラトン『プラトン書簡集』山本光雄訳、角川文庫、1990年。

プルタルコス『プルタルコス英雄伝』（上）村川堅太郎編、ちくま文庫、1987年。

ヘロドトス『歴史』（上・中・下）松平千秋訳、岩波文庫、1971-72年。

【碑文史料】

Inscriptiones Graecae（『ギリシア碑文集成』）I^3, Berlin 1981; II^2, Berlin 1913-40.

Supplementum Epigraphicum Graecum（『ギリシア碑文補遺』）12, 1955, No. 87; 41, 1991, No. 141.

Meritt, B. D., Fragments of Attic Building Accounts, *American Journal of Archaeology*, 2nd s. 36, 1932, pp. 472-476.

idem, Greek Inscriptions, 5. Law against Tyranny, *Hesperia* 21, 1952, pp. 355-359.

【研究文献】

Baziotopoulou-Valavani, E., A Mass Burial from the Cemetery of Kerameikos, in Stamatopoulou, M., Yeroulanou, M. (eds.),

KODANSHA

本書は、東京大学出版会より一九九七年に刊行された『丘のうえの民主政——古代アテネの実験』を改題して文庫化したものです。

橋場　弦（はしば　ゆづる）

1961年，札幌市生まれ。東京大学文学部卒業。同大学院人文科学研究科博士課程修了。博士（文学）。現在，東京大学大学院人文社会系研究科教授。主な著書に『アテナイ公職者弾劾制度の研究』『賄賂とアテナイ民主政』『古代ギリシアの民主政』『西洋古代史研究入門』（共著）ほかがある。

講談社学術文庫

定価はカバーに表示してあります。

民主主義《みんしゅしゅぎ》の源流《げんりゅう》
古代《こだい》アテネの実験《じっけん》
橋場弦《はしばゆづる》

2016年1月8日　第1刷発行
2023年6月5日　第4刷発行

発行者　鈴木章一
発行所　株式会社講談社
東京都文京区音羽 2-12-21 〒112-8001
電話　編集（03）5395-3512
販売（03）5395-4415
業務（03）5395-3615

装　幀　蟹江征治
印　刷　株式会社広済堂ネクスト
製　本　株式会社国宝社
本文データ制作　講談社デジタル製作

ISBN978-4-06-292345-3

「講談社学術文庫」の刊行に当たって

これは、学術をポケットに入れることをモットーとして生まれた文庫である。学術は少年の心を養い、成年の心を満たす。その学術がポケットにはいる形で、万人のものになることは、生涯教育をうたう現代の理想である。

こうした考え方は、学術を巨大な城のように見る世間の常識に反するかもしれない。また、一部の人たちからは、学術の権威をおとすものと非難されるかもしれない。しかし、それはいずれも学術の新しい在り方を解しないものといわざるをえない。

学術は、まず魔術への挑戦から始まった。やがて、いわゆる常識をつぎつぎに改めていった。学術の権威は、幾百年、幾千年にわたる、苦しい戦いの成果である。こうしてきずきあげられた城が、一見して近づきがたいものにうつるのは、そのためである。しかし、学術の権威を、その形の上だけで判断してはならない。その生成のあとをかえりみれば、その根は常に人々の生活の中にあった。学術が大きな力たりうるのはそのためであって、生活をはなれた学術は、どこにもない。

開かれた社会といわれる現代にとって、これはまったく自明である。生活と学術との間に、もし距離があるとすれば、何をおいてもこれを埋めねばならない。もしこの距離が形の上の迷信からきているとすれば、その迷信をうち破らねばならぬ。

学術文庫は、内外の迷信を打破し、学術のために新しい天地をひらく意図をもって生まれた。文庫という小さい形と、学術という壮大な城とが、完全に両立するためには、なおいくらかの時を必要とするであろう。しかし、学術をポケットにした社会が、人間の生活にとってより豊かな社会であることは、たしかである。そうした社会の実現のために、文庫の世界に新しいジャンルを加えることができれば幸いである。

一九七六年六月

野間省一

外国の歴史・地理

オランダ東インド会社
永積《ながづみ》　昭《あきら》著（解説・弘末雅士）

東インド貿易の勝利者、二百年間の栄枯盛衰。香料貿易を制し、胡椒・コーヒー等の商業用作物栽培に進出して成功を収めたオランダ東インド会社は、なぜ滅亡したか？　インドネシア史を背景にその興亡を描く。

1454

大清帝国
増井経夫著（解説・山根幸夫）

最後の中華王朝、栄華と落日の二百七十年。政治・経済・文化等、あらゆる面で中国四千年の伝統が集大成された時代・清。満州族による建国から崩壊までを描き、そこに生きた民衆の姿に近代中国の萌芽を読む。

1526

酒池肉林　中国の贅沢三昧
井波律子著

中国の厖大な富が大奢侈となって降り注ぐ。甍を競う巨大建築、後宮三千の美女から、美食と奇食、大量殺人、麻薬の海、そして精神の蕩尽まで。四千年をいろどる贅沢三昧の中に、もうひとつの中国史を読む。

1579

魏晋南北朝
川勝義雄著（解説・氣賀澤保規）

〈華やかな暗黒時代〉に中国文明は咲き誇る。秦漢帝国の崩壊がもたらした混乱と分裂の四百年。専制君主なき群雄割拠の時代に、王羲之、陶淵明、『文選』等を生み出した中国文明の一貫性と強靱性の秘密に迫る。

1595

古代ギリシアの歴史　ポリスの興隆と衰退
伊藤貞夫著

西欧文明の源流・ポリスの誕生から落日まで。先史文明から諸王国の崩壊を経て民主政を確立した都市国家。ペルシア戦争に勝利し黄金期を迎えたポリスがなぜ衰退したか。栄光と落日の原因を解明する力作。

1665

古代インド
中村　元著

モヘンジョ・ダロの高度な都市計画から華麗なグプタ文化まで。苛酷な風土と東西文化の混淆が古代文明を育んだ。古代インドの生活と思想と、そこに展開された原始仏教の誕生と変遷を、仏教学の泰斗が活写する。

1674

伊東俊太郎著（解説・三浦伸夫）
十二世紀ルネサンス
中世の真っ只中、閉ざされた一文化圏であったヨーロッパが突如として「離陸」を開始する十二世紀。多くの書がラテン訳され充実する知的基盤。先進的アラビアに接し文明形態を一新していく歴史の動態を探る。

1780

岡田英弘・神田信夫・松村　潤著
紫禁城の栄光　明・清全史
十四～十九世紀、東アジアに君臨した二つの帝国。遊牧帝国と農耕帝国の合体が生んだ巨大な多民族国家・中国。政治改革、広範な交易網、度重なる戦争……。シナが中国へと発展する四百五十年の歴史を活写する。

1784

岩村　忍著
文明の十字路＝中央アジアの歴史
ヨーロッパ、インド、中国、中東の文明圏の間に生きた中央アジアの民。東から絹を西から黄金を運んだシルクロード。世界の屋根に分断されたトルキスタン。草原の民とオアシスの民がくり広げた壮大な歴史とは？

1803

井上浩一著
生き残った帝国ビザンティン
興亡を繰り返すヨーロッパとアジアの境界、「文明の十字路」にあって、なぜ一千年以上も存続しえたか。皇帝・貴族・知識人は変化にどう対応したか。ローマ皇帝の改宗から帝都陥落まで「奇跡の一千年」を活写。

1866

M・ブラッグ著／三川基好訳
英語の冒険
英語はどこから来てどのように世界一五億人の言語となったのか。一五〇〇年前、一五万人の話者しかいなかった英語の祖先は絶滅の危機を越えイングランドの言葉から「共通語」へと大発展。その波瀾万丈の歴史。

1869

J・ギース、F・ギース著／青島淑子訳
中世ヨーロッパの農村の生活
中世ヨーロッパ全人口の九割以上は農村に生きた。舞台はイングランドの農村。飢饉や黒死病、修道院解散や囲い込みに苦しむ人々は、村という共同体でどう生き抜いたか。文字記録と考古学的発見から描き出す。

1874

外国の歴史・地理

ウィリアム・H・マクニール著／清水廣一郎訳
ヴェネツィア 東西ヨーロッパのかなめ　1081〜1797

ベストセラー『世界史』の著者のもうひとつの代表作。十字軍の時代からナポレオンによる崩壊まで、軍事・造船・行政の技術や商業資本の蓄積に着目し、地中海最強の都市国家の盛衰と、文化の相互作用を描き出す。

2192

パット・バー著／小野崎晶裕訳
イザベラ・バード 旅に生きた英国婦人

日本、チベット、ペルシア、モロッコ……。外国人が足を運ばなかった未開の奥地まで旅した十九世紀後半の最も著名なイギリス人女性旅行家。その幼少期から異国での苦闘、晩婚後の報われぬ日々まで激動の生涯。

2200

南川高志著
ローマ五賢帝 「輝ける世紀」の虚像と実像

賢帝ハドリアヌスは、同時代の人々には恐るべき「暴君」だった！「人類が最も幸福だった」とされるローマ帝国最盛期は、激しい権力抗争の時代でもあった。平和と安定の陰に隠された暗闘を史料から解き明かす。

2215

川北　稔著
イギリス　繁栄のあとさき

今日英国から学ぶべきは、衰退の中身である——。産業革命を支えたカリブ海の砂糖プランテーション。資本主義を担ったジェントルマンの非合理性……。世界システム論を日本に紹介した碩学が解く大英帝国史。

2224

本村凌二著
愛欲のローマ史 変貌する社会の底流

カエサルは妻に愛をささやいたか？　古代ローマ人の愛と性のかたちを描き、その内なる心性と歴史の深層をとらえる社会史の試み。性愛と家族をめぐる意識の変化は、やがてキリスト教大発展の土壌を築いていく。

2235

笈川博一著
古代エジプト 失われた世界の解読

二七〇〇年余り、三十一王朝の歴史を繙く。ヒエログリフ（神聖文字）などの古代文字を読み解き、『死者の書』から行政文書まで、資料を駆使して、宗教、死生観、言語と文字、文化を概観する。概説書の決定版！

2255

《講談社学術文庫　既刊より》